大学心得帖

大学生活六十余年
学校法人鶴岡学園理事長が語る

鈴木武夫
Takeo Suzuki

ビジネス社

プロローグ

1964年9月初旬、私はデンマークの首都、コペンハーゲンの国際空港にいた。

念願だった初の海外旅行は、東京都私立短期大学協会が主催したツアー研修だった。

参加者は、全国の学校法人理事長や大学教授らが40名ほど。

このツアーは、サラリーマンの自分にはかなえられそうもない海外旅行も、出張なら実現できると思いつき、同協会で事務局長だった私が企画したものだった。

「私立大学の理事や先生方に呼びかけて、海外研修をおこないたい」

こういって会議の席で提案したとき、

「万が一、事故にでもあったらどうするんだ！」

と、現・文教大学の創始者にして政治家でもあった、東京都私立短期大学協会の小《お》野《の》光洋《こうよう》理事長をはじめ、父親ほど年の離れた理事たちに猛反対された。

しかし、私はそんなことであきらめる性格ではない。

「わが国の私学教育の発展のために、大学関係者は見聞を広めねばならない」

と、折に触れて周囲に理解を求め、第1回海外研修ツアーを実現させた。

当時、私は33歳。協会内では若造の部類で、いまにして思うと、かなり生意気だった。

このツアーは、東京オリンピック開催を控え、日本政府が4月1日に観光目的の海外旅行を解禁してから半年後のことだった。私の立場は、研修ツアーの団長である。いまのように海外旅行の情報が氾濫《はんらん》しているわけもなく、海外旅行のノウハウをもっていた東急観光（当時）にお願いして、飛行機やホテルを予約した。さらに、訪問先の大学教授らとの面会もセッティングした。

こうして我々は北欧を皮切りに、西ドイツやフランスなどヨーロッパ諸国をめぐる1カ月の旅に出た。

40名のツアーメンバーの名前は数人しか思い出せないが、メンバーのなかに、私の後半生を変えることになる人物がいた。

札幌市にあった学校法人「鶴岡学園」の理事長にして、「北海道栄養短期大学」学長の鶴岡《つるおか》トシ先生だ。

明治25年、つまり1892年に新潟県で生まれ、10年ほど小学校教員を経験したのち、大正初期に単身で札幌に移住。お見合い結婚をした鶴岡新太郎《つるおかしんたろう》先生とともに、私財を投じて、1942年に日本で6番目となる、栄養士養成施設「北海道女子栄養学校」を創設した女性だった。

ツアー参加時の年齢は72歳。けれども、髪を団子に結い、仕立てのよいシルクのスーツを着る鶴岡先生は、華道・茶道の先生だったこともあり、たいへん姿勢がよく、70歳を越えているようには見えなかった。

じつは、このツアーには、短期大学を創設した明治生まれの女性たちが何人も参加していた。

彼女たちは男尊女卑の風潮のもとで、自分らしい生き方を貫いてきたキャリアウーマンの先駆者たちである。

とにかく皆さん、パワフルで好奇心も旺盛《おうせい》。どこを訪れても目を輝かせて見学し、レストランでもワイワイ、もりもりと食べ、大正時代に一世《いっせい》を風靡《ふうび》したモダンガールたちの同窓会旅行といったおもむきだった。

1カ月間もの長旅では親交も深まる。鶴岡先生は食事で同席したりすると、「うちの短大には優秀な先生たちがたくさんおりますけど、北海道は大学の進学率が低いので、入学生を集めるのに苦労しておりますの」

「昭和33年に短大より先につくった高校の校舎が古くなり、建て替えたいのですけれども、財政的にきびしくて……」などと、窮状を口にした。

初代理事長の鶴岡新太郎先生は、前年に他界していた。その後を継いで学校経営を担《にな》っているのだから、さぞかしたいへんだろうとは思ったが、私にはどうすることもできない。

日本の短期大学は、1950年の学校教育法一部改正によって発足した。

その大半は、敷地や校舎の面積、設備等が大学設置基準に達していないために、大学の看板を掲げられなかった学校である。戦前からの歴史ある学校でも、短大に甘んじたところが少なくなかった。しかも、暫定的制度であったため、いつ、お取り潰《つぶ》しの憂《う》き目《め》にあうかわからなかった。

短大発足と同時に132校の会員校を集めて設立された日本私立短期大学協会は、短期大学の恒久化と地位向上をめざして、学校教育法の改正に全力を傾けていた。

そして、私も、学校教育法改正に向けて活動した1人だった。

当時は、幼稚園向けの机と椅子を製造する会社にも関係していたから、とにかく朝から夜遅くまで仕事漬け。

それでも鶴岡先生が上京すると食事をご一緒し、悩み事に耳を傾けた。なぜか、放っておけなかったのである。

そんなあるとき、鶴岡先生が思いがけないことを口にした。

「札幌に来て、うちの学園のために働いていただけませんか?」

私には家庭もあり、都内に持ち家もある。

「せっかくのお話ですが、北海道へ行くつもりはまったくありません」

きっぱりと断った。

しかし、熱烈なラブコールはつづいた。ついに根負けした私は、1回きりのつもりで札幌を訪れることにした。

当時は飛行機の便数も少なく、こういっては失礼だが、私にとって北海道は〝海外〟だった。

そんな私が、まさか鶴岡学園の理事になり、さらには理事長になろうとは……。

福島県のいわき市に近い田舎の農家に生まれた私は、長兄を戦争で亡くした。次兄も戦死を伝えられ、百姓を継ぐつもりでいた。ところが、その次兄がひょっこり復員したのである。

農家の後継ぎに2人目という言葉はない。私は故郷を離れ、東京の大東文化大学文政学部（当時）に進んだ。

入学金などは親のすねをかじったが、あとの学費と生活費は、小学校の警備員のアルバイトで稼いだ。

大学では経済学を学んでいたが、自動車が好きで手先も器用だったから、修理工（整備士）に憧《あこが》れた。1950年代、国産車はまだ少なく、アメリカやヨーロッパの輸入車が都内をさっそうと駆けていた時代だ。

しかし卒業が近づくにつれて元来の現実主義的な性格が頭をもたげ、へき地の小中学校教員をめざすようになった。幸い、大学の大先輩が埼玉県O市の教育長だった。相談すると、北海道のへき地校なら空きがあるという。

北海道？

私は教員にならなかった。津軽海峡を越えることに抵抗があったのだ。

そう、私は若い頃から北海道には関心がなかったのである。

それなのに、70歳を過ぎてから毎週4日間も北海道で過ごすようになった。今朝も早朝の便で羽田を発《た》ち、新千歳空港からクルマで20分の恵庭《えにわ》市にある北海道文教大学に出勤してきた。

月曜日は都内で開かれる会合や講演会に出て人脈を広げ、火曜日から金曜日まで理事長室で過ごす。これが、88歳になった私の日常だ。

人生とは、シナリオのないドラマだと、つくづく思う。

さて、教員をあきらめ、24歳のときに日本私立短期大学協会の事務局に勤めた私は、5年後に、日本私立短期大学協会の東京支部として設立された東京都私立短期大学協会に、事務局長として移籍した。

その後、1985年に日本私立短期大学協会に呼び戻され、天皇皇后両陛下をお迎えした創立50周年式典を見届けて、70歳で退職した。

ところで、本文中で私が前職の話をする際は、ややこしいので東京都私立短期大学協会も日本私立短期大学協会も、一部の記述を除き、「短大協会」と書くことにする。

私の在職期間中、日本経済はめざましい発展を遂げ、バブル経済崩壊、ITバブルなど栄枯盛衰をくり返していた。

いっぽうで高等教育機関である大学、とりわけ私学は時代の風を受けながら、その姿を変えてきた。

現在、全国にある780校の私立大学のうち、短期大学部をもつ学校の多くは、戦前もしくは戦後に創立された裁縫学校や栄養士養成学校、簿記学校などの各種学校から短大へと発展し、1980年代以降に4年制大学へと改組転換をはかった学校だ。

この改組転換をサポートするのも短大協会の仕事のひとつで、事務局長だった私は、全国各地の支部で会員校向けの勉強会を開いたり、会員校からの個別相談に応じたり裏方に徹した。

僭越《せんえつ》ながら、国の重要会議に参加する諸先生方の顔ぶれも、短大協会の会長に進言させていただいた。

私の在職期間中、短大協会では経営相談も引き受けており、全国から学校法人の経営者や事務局長らが訪ねてきた。自分の席を温める暇もないほど、来訪者はつづいた。

そんななかには、日本の私学経営の一面が垣間見《かいまみ》える相談事もあった。

1980年代のあるとき、地方都市で洋裁学校を経営していた年配の女性が訪ねてきた。

「短大をつくりたいんだけど、短大協会でやってください」

と、いきなり設立申請のコンサル依頼である。

「短大を設立するには、お金がかかりますよ。どのくらい用意されていますか?」

「2000万円あります」

と、胸を張っての返答だ。

私は思わず苦笑した。校舎の建設や教職員の確保などで、当時でも初期投資には2億～4億円かかったのだ。

「そんなお金はありませんよ」

「それでは、市か県に行って、助成金のお願いをしていらっしゃい」

「そんなお金、出せませんよ」

と、話がまったくかみ合わない。

このように、地方都市には大学経営のイロハもわからないまま、ステップアップを試みる〝迷士〟がいた。

短期大学は、短期の高等教育機関であり、地方都市においては、地元経済の活性化に役立つ人材育成の場である。

しかし、勘違い〝迷士〟は1人や2人にとどまらず、教育の質の向上をはかろうと活動してきた短大協会としては、頭の痛い問題だった。

加えて、1990年代半ばに団塊ジュニアが大学入学年齢に達したあとは、18歳人口は急激に減っていくことが早くからわかっていた。

さらに、女子の4年制大学進学率も高くなり、女子学生が中心の短期大学の未来には陰りがさしはじめていた。

ところが、とくに地方の小規模大学では、肝腎《かんじん》の経営トップや事務局職員らの知識不足、認識不足が目立った。

短大卒業者は地元就職率が高く、地域の活性化に欠かせない人材だ。その貴重な短期の高等教育機関である短大をもっと魅力あるものにして、短大離れを食い止めたい。こう考え、1994年には日本私立短期大学協会内に「短期大学基準協会」を立ち上げた。


1960年代以降、雨後の竹の子のように増えた短期大学は、すでに斜陽の時代を迎えており、廃校するところも出ている。

改組転換で4年制大学になったものの、定員割れがつづき、経営難に直面しているところも少なくない。

私が日本私立短期大学協会を離れた2000年以降も、私の元には経営の相談にのってほしいと、わざわざ北海道まで出かけてくる経営トップもおられる。

私は、そのたびに、**「将来を見据えた経営と運営」「教育の質」「学生・保護者の満足感」の重要性**を伝えてきた。

しかし経営トップが理解したところで、実践していくのは教職員であり、この前線部隊が意識を変えなければ、大学の未来は先細る。

大学名の公表は控えるが、全国各地、何校もの短大の4年制大学への改組転換や経営改革に、私の経験を活かしていただいた。

ところが、**V字回復をはたして何年かたつと、喉元《のどもと》過ぎれば熱さを忘れるで、ふたたび暗礁に乗り上げる**ケースが出てくるのだ。

私が若ければ、手取り足取りアドバイスもできるが、いまはそういうわけにもいかなくなった。

そこで、とくに地方の小規模な私立大学で働く方々に向けて、筆をとることにした。

本書では、潰れる寸前だった「北海道栄養短期大学」から4年制大学の「北海道文教大学」へとサバイバルをはかった経験と、東京都私立短期大学協会と日本私立短期大学協会の事務局長として四十余年を過ごした経験、大東文化大学の理事長経験（平成元年～平成9年）、現役で務める「杏林《きょうりん》学園」理事、学校法人「鎌倉《かまくら》女子大学」理事、学校法人「滋賀《しが》学園」理事の経験などをもとに、人口減少時代の私立大学の生き残り策を、私なりにお伝えしたい。

なお、本書の執筆にあたっては、長年、私を支えてくれた鶴岡学園理事で事務局長兼任財務部長の浅見晴江氏、2018年に、私の後を引き継いでくれた渡部俊弘北海道文教大学学長をはじめ、中村至外国語学部教授、三枝和也学務部長ら北海道文教大学教職員や、かつての部下だった全国音楽療法士養成協議会の中原潔事務局長のご協力をいただいた。ここに謝意を表したい。

令和元年11月5日

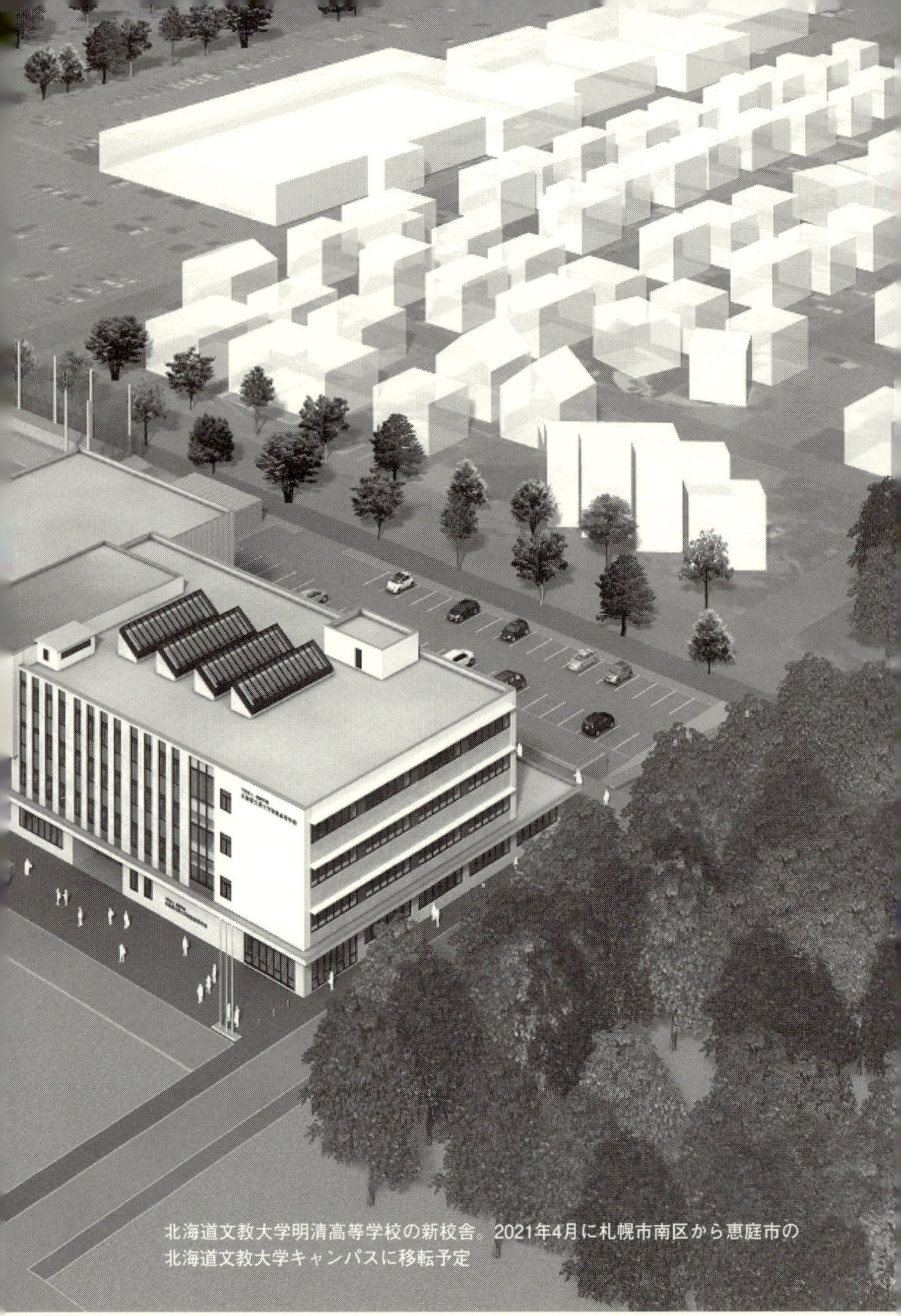

北海道文教大学明清高等学校の新校舎。2021年4月に札幌市南区から恵庭市の北海道文教大学キャンパスに移転予定

HBU

札幌から恵庭に移転する「北海道文教大学附属高等学校」

No.

Date

もくじ

第2章 情報活用でマイナスをプラスに変える

第3章 スマートに働くための備忘録

第4章 サバイバルの極意

第5章 志願者増のヒント

第6章

教職員人材カルテ

北海道文教大学の正門にある鶴岡新太郎・トシ夫妻の胸像

北海道文教大学のキャンパス（2018年）。右手前の建物が「鶴岡記念講堂」

No.

Date

第1章

倒産寸前の極貧短大

学校法人は、経営手腕のある理事長と、
経営もわかる教育畑の学長が両輪となり、
リーダーシップを発揮していくのが理想である。
いまから50年ほど前、札幌市内に、
その理想的な姿とは真逆の学校法人があった。
時代は変わっても、過去の失敗から学ぶことは多い。

郊外型キャンパスの難

アクセスの悪さが経営の足かせに

学校法人「鶴岡学園」は1959年1月に法人格を取得し、同年4月に、現在の札幌市南区藤野に「藤の沢女子高等学校」を開設。

1960年8月に、札幌市の中心部にあった栄養士養成施設「北海道栄養学校」に、調理師養成課程を設置。1963年4月に高等学校の隣接地に、北海道栄養学校を廃止して、「北海道栄養短期大学」を開校させた。

鶴岡学園は、文部省（現・文部科学省）や厚生省（現・厚生労働省）の方針、人口推移などにあわせて改称や改組、新設をおこなっていた。

いずれも、前身は1942年6月、太平洋戦争の最中に開校した「北海道女子栄養学校（1947年、北海道栄養学校と改称）」だ。

創設者の鶴岡新太郎・トシ夫妻は、北海道民の食生活改善をめざし、私財を投げ打って学校をつくった功労者だ。

詳細は、『北海道・栄養学校の母　鶴岡トシ物語』（佐々木ゆり著／ビジネス社）に譲るとして、1969年春に札幌を訪れたとき、千歳空港からタクシーで短大と高校がある藤野へ向かった。

当時の札幌の人口は約80万人。現在の半分以下の人口で、中心部から少し離れると、牧場やリンゴ農家などが点在する田園風景だった。

「ここは、『石狩街道』といって、1時間くらい先に定山渓《じょうざんけい》温泉があるんですよ」

車中でこう説明されたが、国道を走るクルマは少なく、やがて、タクシーは国道を左に折れ、山道を登りはじめた。

「学校は登りきったところにあります」

国道から数百メートルの距離とはいえ、幅の狭い砂利道は雑木林とやぶに覆われている。とんでもないところに来てしまった。

「鶴岡先生、生徒や学生はどうやって通っているんですか？」

「学校の敷地の一部は、定山渓鉄道さんからの寄付で、近くに停車場《ていしゃば》があります。だけど、近々、廃線になります。自動車が増えて、踏切事故が多発したことや、昭和47

年に札幌で冬季オリンピックが開催されるのですが、そのときに事故が増えたらどうするのだと。それで廃止を決めたようです」

学生たちはどうなるのだろう。

「定山渓と市内を結んでいるバスもありますし、バス停から歩いて5分ほどですから、冬は大変ですけど、みんながんばって通ってくれています」

札幌市の中心部には栄養士を育成する短期大学がほかにもあり、市電やバスでラクに通える。学生集めに苦労していると聞いていたが、宅地開発も進んでいない郊外では、立地条件が悪すぎる。

将来の開発を見越し、地価が安いうちにスタートさせたようだが、**アクセスの悪さが、最大のネック**になっていた。

権利か義務か

授業そっちのけの労働組合活動がネックに

私が鶴岡学園とかかわりをもった当時、短大の教員は、北海道女子栄養学校の創設時から勤める北海道大学の関係者が多かった。

いっぽう、高校のほうは、創設時に北海道教育大学を出て新卒で入った先生たちが多く、労働組合の執行部の面々は30代前半だった。

「今日は2時から団体交渉があるので、出てくださいませんか」

見学のつもりで訪れたというのに、鶴岡先生は突然、常識外れのことを口にした。私は理事ではない。それを理由に断ると、

「いいえ、今日からあなたは理事です。ここは私の学校です。私が決めたのだからかまいません」

と、驚きの返事が返ってきた。

理事になるつもりは毛頭なかったが、お願いしますと頭を下げられ、団体交渉に出

ることにした。

ところが、約束の時間になっても執行部の教員たちが現れない。40分以上待たされてようやく集まった彼らに、

「約束の時間を守れないようでは、信頼関係も結べない。帰れ～ッ！」

と、怒鳴りつけた。すると、本当に帰ってしまった。

そもそも、授業中に団体交渉をするなど、高い授業料を払って学んでいる生徒を馬鹿にしている。

「あそこの学校は、授業そっちのけで団交をやっている」などと評判が立とうものなら、入学希望者も減ってしまうだろう。

当時は、1950年代からの労働運動が勢いづいていた時期だった。最近はストライキで先生が授業をボイコットすることもなくなってきたが、子どもを私学で学ばせようという親にとって、**「教員のやる気」は、重要な選択ポイントだ**。それは、昔もいまも変わらない。

もし、**教員のモチベーションが低ければ、経営トップと事務局は、教員とコミュニ**

ケーションを十分にとり、不平不満に耳を傾け、協調姿勢で改善をはかるべきだろう。

「やる気がない」という裏には、必ず、何か原因がひそんでいる。

たとえば、**うつ病のように見えるなら、食生活が不規則で栄養バランスがくずれ、鉄分やタンパク質が足りていないのかもしれない。イライラしやすい、キレやすいのも同様だ。**

あるいは寝不足によるストレスで、慢性的な疲労を抱えているのかもしれない。

同じ職場で働く仲間として、親身になって話を聞き、「やる気が出る」方向へと解決の糸口を探るのがよいだろう。

ブランドに悪影響

激しい労使対立にメリットなし

労働組合執行部との団体交渉が流れた翌月、私は鶴岡トシ先生に頼まれて、再び札幌を訪れた。やり直しの団体交渉にのぞむためだ。

「今度はいつ来ていただけますか?」と懇願されると断れなかった。ビジネスライクなどという言葉がなかった頃だ。**損得勘定抜きで誰かの役に立てれば、いつかは自分に返ってくる**。私の場合、人情は、あらゆる場面で生かされた。

さて、執行部の面々は、授業後に、時間どおり集まった。給料は道立高校に準じていた。彼らは諸手当の額を上げろと詰め寄った。

経営を安定化させるためには、人件費は少しでも抑えたい。議論は殴り合い寸前にまで白熱し、話し合いは難航した。

「グー、スー」

突然、いびきが聞こえてきた。見ると、鶴岡先生が居眠りをしている。

「理事長は年だからな」と、誰かがささやいた。

たしかに、そのとおりだった。しかも、鶴岡先生は交渉事も争い事も苦手ときている。

この一件以降、団体交渉には鶴岡先生が出ないよう取りはからった。

そして、もうひとつ。執行部とは団体交渉に際してのルールを決めた。

といっても、授業時間後におこない、時間厳守で集合するという2点だけだったが、教員たちは、こんな当たり前の常識も身につけていなかった。教師としての資質も疑われる。生徒の成績の善し悪しは自己責任とはいえ、就職や大学進学の際に、教育の結果が表れる。そして、世間はそれを学校の評価材料にする。

「あの学校はダメだ」といわれるようになったら、入学希望者が減り、経営基盤の学納金も減る。

経営難におちいれば、教職員は職を失う可能性もある。

教職員は、このことを忘れてはならない。

労使協調

彼を知り己《おのれ》を知れば百戦殆《ひゃくせんあやう》からず

あるとき、鶴岡学園の労働組合員のなかに、学校の名を汚すスローガンを掲げ、メーデーに参加している者がいるというウワサを耳にした。それが事実なら、学校の評判を落とす。

学園紛争や労働運動が激しかった時期だったから、組合は主役であるべき生徒や学生をそっちのけで、自分たちの権利を振りかざしていた。

私は、組合執行部の懐柔を謀《はか》った。心理作戦である。

組合執行部の面々は私と同世代だった。お互いに若くて血気盛んだから、団交の場では、感情をむき出しにする場面もあった。ところが、そんなことをくり返しているうちに、気心が知れてきた。

団交後に、「ぼくは、今夜は、すすきので飲んでいるよ」とひと言いうと、みんな、誘わなくても来るようになった。

面白いもので、「酒がまずくなるから、組合の話はいっさいするな」というと、逆に裏話が次々と飛び出す。「そうか、大変だな」などと相づちを打ち、批判をしない。するると、徐々に相手も心を開くようになり、対立関係が信頼関係へと変わっていった。

同時に、学園内の人間関係や生徒の様子、設備や人員配置などの問題点など、あらゆる情報を集めることもできた。常駐しているわけではないから、組合執行部からの情報は、学園の運営を考えていくうえで非常に役立った。

やがて団体交渉は自然消滅した。これには5年ほどかかった。

その後、組合執行部からこれはと思う人を校長に推薦した。

「どうしたらいいでしょう？」と戸惑う人には、「自分で考えろ！」と突き放した。

そうやって熟慮のうえで組合執行部を抜け、校長になった人が何人かいる。

1980年代以降は組合に関心のない世代が増え、組合は存在しているが、かつてのような労働運動はなく、現在に至っている。


密なコミュニケーションは調和を生む。調和は、学園再生の力となった。

教員も経済を勉強すべし

組合執行部と団体交渉をおこなっていた頃、「給料を上げろ！」「手当を上げろ！」と迫る彼らに、私はいっさい応じなかった。

私の悪評を立てる人もいただろう。しかし、いちいち動じていたら、多額の借金を背負い、返済に窮している学校法人の再建などできない。

「いま、この鶴岡学園には、きみたちの要求に応《こた》えられるだけの余裕がない。その代わり、私から組合員のためになる方法を教えよう」

と、あるとき提案した。

話はそれるが、「させていただく」と謙譲語さえ使えば問題なしと思い込んでいる人たちが昨今は増え、私のような物言いをしようものなら、「パワハラだ」「上から目線だ」といわれかねない。

しかし、仕事をするには闘争心が欠かせない。経験を積んだ目上の者からの強い言葉を「パワハラ」と決めつける姿勢や、何でもかんでも謙譲語を使う風潮は薄気味が悪い。

話をもとに戻そう。

私は組合執行部に、独自の年金制度をつくるよう提案した。そうすれば、定年後は公的年金のほかに年金が受け取れて生活に余裕ができる。私学共済年金が登場する前のことで、「はあ、独自の年金制度ですか……」と、組合執行部は気のない返事だった。

結局、彼らは制度をつくれなかった。つくり方がわからなかったのだ。かといって私に聞こうともしない。

わからないことがあるのなら質問すればよいのに、誰も何も尋ねようとしない。やる気がないと判断して、そのままにした。

教員は概して経済に疎《うと》い。教員が経済を理解できれば、自分の仕事のありようが経営に影響するという認識も生まれる。それは学校経営の力となり、ひいてはそれぞれの人生にもおおいに役立つのである。

破綻《はたん》危機

新聞代が払えない

理事になった前年に、北海道栄養短期大学の3号館が完成した。建設したのは、大阪に本社があった松村組だった。

当時を知る人物が、いまも鶴岡学園にいる。1968年3月に北海道栄養短期大学を卒業後、事務職員として就職し、事務局と財務の仕事をこなしてきた浅見晴江事務局長だ。

「事務局の金庫には新聞代を払うお金もなくて、集金の人が来てもそのまま帰っていただいたことが何度もありました」

鶴岡先生は、私が1~2カ月に一度の割で来札するたびに、千歳空港までタクシーで出迎え、一流のグランドホテルを用意してくれていた。

ご本人も東京出張時は銀座東急ホテルに泊まり、「一流のものを食べなければだめだと」いって高級店で食事をし、節約しているようには見えなかった。

「北海道栄養短期大学」は、札幌市郊外の「藤の沢」に建てられた

今にして思うと、**「経営者としての見栄」だったのだろう。みすぼらしいところを見せれば、足元をすくわれる。**

ところが建設費の返済が滞り、松村組札幌支店が実印、銀行通帳、帳簿を管理していたほど経営は悪化していた。

当時、新米事務員だった浅見事務局長は、しじゅう松村組へ行き、小切手を切ってもらうなどしていた。私がそのことを知ったのは、理事に就いて1年ほどたってからだろうか。

あるとき、私は松村組の4代目の松村雄吉会長に直談判した。

「通帳や実印は常に学校に置いておかなき

ゃならんものです。返してください」

しかし、松村会長は首を縦に振ろうとしない。私は不遜《ふそん》にもこういった。

「土建屋は土建屋の仕事をやっておればいい。学校の預金通帳を預かったり、帳簿を預かったりするとはけしからん！」

「じつは、私も滋賀県内にある学校法人の理事長をやっております。短期大学の附属高校をつくったのですが、支払いができなくて、私が理事長を務めることになったのです。学校の経営というのはたいへんですね」

いかにも温厚そうな松村会長は怒りもせず、こう答えた。

鶴岡学園の理事会に経営能力が乏しいことを案じて、実印と銀行通帳と帳簿を管理下に置き、様子を見ていたのだろう。

私が東京都私立短期大学協会の事務局長を務めていると知って安心したのか、返済期日の厳守を約束すると、〝財務管理の3点セット〟は戻された。

こうして、再生への道も開けたのである。

脱却への道

明治生まれ、理事長の心意気

理事になって5年ほどたった頃、私立短期大学体育大会が札幌で開催され、私も東京から駆けつけた。

私は、札幌ではグランドホテルを定宿にしている。

ここは札幌駅に近く、すすきのも歩いて10分程度の距離だ。すすきのに向かってぶらぶら歩いていると、狸小路というアーケード街の一角で、「鶴岡学園本部」という看板が目に飛び込んできた。

3階部分に屋根裏部屋の窓をはめた、木造の古びた建物だった。

鶴岡先生は、私を千歳空港からタクシーで札幌市郊外にある短大と高校に案内し、帰路もタクシーでホテルに直行。理事会もグランドホテルでおこなっていたため、私は本部事務所を見たことがなかった。

観音開きの正面口を押してみた。すると、見知った顔が何人かいて、木製の古い机に向かい、仕事をしているところだった。

「鈴木先生ッ！」

誰かが素《す》っ頓狂《とんきょう》な声を上げた。しかし、誰より驚いたのは鶴岡先生だっただろう。私には隠していたのだから。

あいにくとご本人は不在だったが、この本部こそ、「北海道女子栄養学校」時代から校舎として使っていた鶴岡学園の原点だった。大正時代に建てられ、鉄道馬車の会社が入っていたという。

それはさておき、このときは知らされなかったが、鶴岡先生は鶴岡学園の法人化の際に資産をすべて寄付。以後、亡くなるまでの二十数年間を、本部の1階にあったかつての当直室で過ごしていた。

8畳一間。ちゃぶ台と鏡台と和箪笥《わだんす》がひとつあるきりで、布団は朝起きると、部屋の隅に畳まれた。

亡くなって初めて鶴岡先生の住まいを見た組合執行部の面々は、その素顔を知り、号泣したという。

2000年に日本私立短期大学協会を退職し、私が鶴岡学園の理事長に就いたのも、8畳一間で晩年を過ごした鶴岡先生の**心意気に感銘**したからだった。

故鶴岡トシ先生。北海道の女子教育発展に貢献し、勲四等瑞宝章や北海道開発功労賞などを受賞

鶴岡記念講堂1階に展示されている鶴岡トシ先生の家財道具

No.

Date

第2章

情報活用でマイナスをプラスに変える

日常の何気ない会話、
キャンパスの内外で見かける光景、
SNS、インターネット、テレビ、新聞など
周囲にあふれる情報は、
大学運営に欠かせないヒントの宝庫。
アンテナを張りめぐらせて役立てたい。

対立から協調へ

労働組合、志願者増に貢献

鶴岡学園の経営立て直しの第一弾は、教職員組合と理事会の関係修復だった。

「学園をもっとよくしたい。だから協力してほしい」

という思いを執行部の面々にわかってもらうまでには数年かかった。

だが、いったん理解が得られると、そこから先は組合が〝再建部隊〟となってくれた。

私学の収入源は、生徒・学生の学納金。定員割れをすると、その分だけ収入は減る。そのことを理解してくれた教職員組合は、教職員に高校の生徒、短大の学生集めの協力を呼びかけた。

高校では教員ネットワークで、全道各地の進学担当教諭に話が伝わり、

「札幌に北海道栄養短大という栄養士を養成する学校があるが、そこを受けてみたらどうだ?」

と、進学希望者に対して、短大への受験を勧めてくれた。

短大の卓球部は、全国大会に出場できるほどの実力。高校で卓球をやっていた女子生徒も入ってきた。その1人が卒業後に事務員として鶴岡学園本部に就職した。経営難におちいっているのを目の当たりにしながら、結婚・出産を経ても退職せず、財務畑で学園を支えてきた浅見晴江事務局長だ。

ところで、昨今の組合活動には、以前のような激しさはない。ストライキの数も激減した。これも時代の流れなのだろう。

鶴岡学園にも組合はあるが形骸化《けいがいか》している。日本私立大学教職員組合連合にも参加していない。北海道全体でみても、参加組合数は6大学2短大。所在地として北海道で登録されているのは、4年制大学25校、短大15校だから、参加率は20％だ。

学校というのは、「質の高い教育」が商品だ。**労使が一体となって、世の中の動向をいち早くとらえ、魅力ある商品づくりと〝集客〟に努めなければ、労使ともども失業する。**教職員は、そのことを忘れてはならない。

決断

チャンスは一度きり、逃すと損をする

北海道栄養短期大学は、いまはない。18歳人口の減少は1980年代から見えており、4年制大学希望者の増加も予想できた。いずれ、短期大学だけではやっていけなくなる。こう考えて、1999年に北海道文教大学を新設し、そこに短期大学部を組み入れ、最終的に廃止した。

4年制大学の設立は、1978年に他界した鶴岡トシ先生の夢でもあった。私は、1980年頃から4年制大学の建設用地を探した。鶴岡先生が元気だった頃、札幌市の中心部に近い藻岩山《もいわやま》のふもとに土地を見つけていたが、理事会の反対で大学設立をあきらめた。

その後、大学設立に向けて動き出した頃には、「工業（工場）等制限法」の施行で札幌市内には大学を建てられなくなっていた。二の足を踏んだことで、鶴岡学園はアクセスのよい場所にキャンパスを置くチャンスを逃したのだ。

では、どこにしようか？

札幌市に隣接する江別《えべつ》市に、6万坪の牧場跡地を見つけた。札幌駅から電車で約15分。近くには高等学校や私立大学が何校もある。

地主の会合に足繁く通い、購入という段階を迎えた。しかし、購入しなかった。会合の席での即断だった。高速道路の開通で、価格が何倍もつり上がったのだ。

幸運にも交渉決裂の直後に、ある経営コンサルタントを通じて、恵庭市から大学誘致の話が来た。江別での交渉決裂の情報を流しておいたのだ。

新たな候補地は、恵庭駅の東側にある3万坪の遊休地。札幌駅から電車で24分。恵庭駅から歩いて8分。すぐ見に行き、恵庭市と買収交渉にはいった。

駅舎の候補地側に出入り口がない、道路も上下水道も未整備といった問題は、交渉で解決すればよい。うかうかしていたら、よそに買われてしまう。

チャンスを逃さないためには日頃から情報収集を怠らず、即断、そして即行だ。

予測

〝世間の風〟を読み、先を見通す

1984年、新設大学の用地売買契約を恵庭市と交わした。

当初は、栄養大学をつくる予定だったから、建設予定地には、「鶴岡学園　栄養大学設置」と看板を出した。

しかし、北海道文教大学が開校したのは1999年4月。それも栄養大学ではなく、外国語大学だった。

準備に時間を要したのは、財政面の問題があったからだ。

そしてもうひとつは、教員の問題だった。

4年制大学の教員になるには、大学設置審議会の専門委員会で、教員審査を受けなければならない。

北海道栄養短期大学には、専門学校時代の卒業生も教員として働いていた。改組転換で大学を新設し、栄養学科をつくりたくても、短大の教壇に立っていた古参の教員は、博士の学位も研究業績もなく、全員、大学教員として認められなかった。

大学ができるのはよい。しかし、自分たちは職を失う。古参の教員のあいだで不安の声が上がった。そんな頃、私は恵庭市内のゴルフ場へ行った。

「今度、恵庭にも大学ができるよ」

キャディーさんに自慢すると、冷ややかにいわれてしまった。

「絶対に、できっこないですよ」

恵庭市内には、関西の某大学が買収した土地があった。実習農場ができるといわれていたが、結局、いまもできていない。大学の施設ができれば、地域も潤う。私は**市民感情も考慮すべき**だと悟った。

1988年4月、短期大学の1学科だけ大急ぎで校舎を新設して移転させた。

しかし、これにも古参の教員たちは、「島流し」といって難色を示した。教職員の多くは、クルマで15分程度の通勤圏内で暮らしていた。移転すると、通勤時間が1時間ほど増える。

改組転換とキャンパスの移転について慎重に検討した。結局、教職員の理解を得て、本格的に改組転換をスタートさせるまで、最初の1学科を移転させてから6年もかかった。

そして、1994年4月、「北海道栄養短期大学」は、「北海道文教短期大学」と改称した。大学新設への布石である。


いっぽう、その頃世間では「グローバル化」が叫ばれていた。

その少し前までは情報処理が流行《はや》り、文部省（現・文科省）も後押した。

当時、私が理事長を務めていた大東文化大学では、積極的に最新のコンピュータを導入して、情報処理の教育に力を注いだ。それでも日本の大学の情報処理教育と研究は、とくにアメリカと比べて著しく後れをとった。その弊害《へいがい》が日本経済にも悪影響をおよぼし、いまに至っている。

鶴岡学園が改組転換に向けて動きはじめた1990年代の半ばになると、「これからは国際人の育成です」と、文部省（現・文科省）の風向きは変化した。

私学にとって文科省の力は絶大だ。ノーといわれれば、大学の設立は認められない。事実、単科の栄養大学は認められなかった。

学部や学科の新設では、世間の風も無視できない。なぜなら、18歳の受験生の意識にも影響するからだ。

私は、栄養大学に固執《こしつ》する鶴岡学園内の声には耳を傾けず、理事会の承認を得て、外国語学部を置く「北海道文教大学」を新設させた。

文系だから設備にもそうお金はかからない。大学さえつくっておけば、あとは学部や学科を増設すればいい。

そして2003年に、ようやく「人間科学部健康栄養学科」を設置した。

当初は「人文学部健康栄養学科」にするつもりだった。しかし、文科省から「学部名が壮大過ぎる」と指摘され、「将来、医療系の学科をつくりたい」と答えて、この名称にした。

私学経営においては風向きを読むこと。これが肝要《かんよう》だ。

道しるべ

難題解決には専門家のアドバイスを

外国語学部には英米語学科、中国語学科、日本語学科の3科を設置した。しかし北海道では、「一生、食べていくのに困らない仕事」、すなわち、専門職教育を重視する風潮が根強い。

文系の外国語学部の先細りは、開校当初から予想がついた。学生が集まる学部を増設しなければならない。そこで、2003年4月に、「人間科学部健康栄養学科」をつくった。

この学科は、短大の「食物栄養学科」が前身だ。4年制大学では、実務経験なしで栄養士より職域が広い「管理栄養士」の国家試験受験資格を得られる。

〝世間の風〟は管理栄養士になびいていた。

校舎や設備は併用できても、教職員の人件費などを考えると短大を廃止したほうが、経費は抑えられる状況だった。そこで、2年後の2005年3月、北海道文教大学短期大学部食物栄養学科を廃止した。

そうこうしているうちに、案の定、中国語学科に学生が集まらなくなった。

経営安定化のためには新たに学科をつくり学生数を増やすのが得策だ。

では、どんな学科がよいのだろう？

難題に直面したときは、信頼のおける専門家に意見を求めてきた。

専門家は、その道の動向をよくつかんでいるから、最新情報と的確な助言がもらえる。

このときは、監査法人での経験がある公認会計士の友人に相談した。

「愛知県の大学に、受験倍率30倍のリハビリテーション学部がありますよ」

短期大学を改組転換し、２００２年に4年制大学となった私学だ。理学療法学科と作業療法学科がある。すぐに事務局の職員を現地に向かわせた。

北海道文教大学には、健康栄養学科がすでにある。「北海道の風潮を考慮すると、医療系を中心とする国家資格を取得できる大学がよい」と考えた。

そして、２００６年4月、人間科学部に理学療法学科を開設した。

同時に、外国語学部のほうは学科名を改称。中国語学科は、「中国語コミュニケーション学科」に変え、入学定員は50名から40名に減らした。

新名称は、「コミュニケーション」という言葉が世間で盛んに使われるようになったことを意識したものだ。

〝世間の風〟は移り気だ。

その予測不能な風は、人の気持ちを左右する〝言葉〟の影響も受ける。

言葉は、突然、流行りだしたかと思うと、また、どこかに消えてしまう。だから、学部名や学科名も流行を意識する。

大学の健全経営には、専門家のアドバイスはもちろんのこと、新聞やテレビなどから世相を知り、判断材料にすることが重要だ。

ネットワーク活用

アナログ人脈に知恵を授かる

理学療法学科の設立を決めたとき、当然のことながら鶴岡学園には事情に通じた者がいなかった。そこで専門家を探すことにした。

親しい友人の1人に、文科省高等教育局の課長補佐から某大学の事務局長になった男がいる。最初に彼に相談すると、翌日には文科省へ出向き、担当者にひと声かけてくれた。

担当者氏は、すぐに自分の人脈から最適な人物を紹介してくれた。おかげで、専門知識をもつ、ある大学の教授が設立に協力してくれることになった。

理学療法学科の施設はふつうの教室とは違う。牽引器《けんいんき》、渦流浴装置といった大きなものもあれば、骨格模型や松葉杖のようなものまでさまざまな医療器具を置く。

この教授には、そうした医療器具から実習室のレイアウトに至るまで助言をもらい、指導教員候補も紹介してもらった。

当時、道内で理学療法学科があったのは、札幌医科大学と北海道大学の2校のみ。入学定員もそれぞれ20名程度だった。そのため、道内で指導教員を見つけるのにひと苦労し、千葉県までリクルートに出かけたこともあった。

とはいえ、この教授がいてくれたおかげで、右往左往せずに、道内の私学では初めての理学療法学科を立ち上げることができた。

ネットワーク社会になり、SNSを利用すれば、見ず知らずの人ともコミュニケーションできる時代になった。私のように、仕事を通じての名刺交換にはじまる人脈づくりは、かなりアナログだ。

だが、レコードやカセットテープが見直されているように、アナログは味わい深い。しじゅう顔を合わせてコミュニケーションをとってきた人脈なら、なおさらだ。信頼できる相手だから安心感もある。

アナログな人脈と、そこからの情報をおおいに活用すべし。

難題と思えることも一気に解決するはずだ。

学長時代、卒業式では卒業生1人ひとりに卒業証書を手渡した

酒に十の徳あり

〝飲みニケーション〟で最新動向をつかむ

うちの教職員に「〝飲みニケーション〟は、おおいにやろう！」などと勧めたら、「じゃあ、金を出してください」といわれそうなので、いまの職場ではいわないことにしているが、飲みながらワイワイやるのは、シャイな日本人には打ってつけのコミュニケーション手段だと思う。

日本私立短期大学協会の事務局長だった頃、平日は文科省の方々によくお会いした。仕事のお願いをするわけではなく、飲んで、酔っ払って、冗談をいい、うさ晴らしをして、ついでに情報交換もする。むろん、割り勘だ。

「働き方改革」で、とくに大手企業のサラリーマンは会社から自宅にまっすぐ帰り、8時頃には夕飯をとって、テレビやパソコンの前で何時間か過ごして寝る、というパターンに変わってきたらしいが……。

そもそも、国が働き方にまで口を出すのはいかがなものかと、自主的に休日を返上し、仕事をこなしてきた私などは思う。

ところが、こんなことを書いたら、最近はすぐに〝炎上〟のネタにされる。これもまた、いかがなものか。

飲みニケーション仲間だった文科省の方々や、親しかった私学の理事長とは、いまも交遊がつづいている。

彼らは、5年ごとに開催する鶴岡学園の創立記念式典にも駆けつけてくれる。たいがいの方々は、定年退職後も何かしらの肩書をもち、多忙をおして北海道まで来てくださるのだからありがたい。

そうやって顔を合わせると、教育界の状況や国際情勢なんかが話題にのぼり、これがたいへん刺激になる。最新情報も手に入るから、学校を運営していくうえで、おおいに役立つのである。

何かと窮屈《きゅうくつ》な世の中になり、ストレスもたまっていることだろう。**健全な精神を保つためにも飲みニケーションは大切だ。**

「働き方改革」で時間もたっぷりあることだし、仲間と一杯やりたいものだ。

学内アンテナ

一日一善、キャンパス散歩で学生の声を拾う

私は、2000年4月に第7代鶴岡学園理事長に就き、2002年4月に第3代北海道文教大学学長に就いた。そして、学長の仕事は2018年に東京農業大学副学長だった渡部俊弘先生に譲り、いまは理事長の肩書だけだ。

それでも理事長就任以来、火曜日~金曜日の4日間は出勤。週末は東京の自宅で過ごし、月曜日は講演会や古くからの仲間たちが集まる会合などに出て、情報収集に努めている。

インターネットが普及しても、北海道では入ってくる情報が限られている。人に会い、**生の声を聞き、初めて会う相手なら名刺交換をして、ネットワークを広げる**。世界中から多様な人と情報が集まる東京は、地方大学にとって〝栄養剤〟なのである。

しかし、**学校運営に欠かせない情報は、キャンパスにもある。その発信源は学生たちだ。**

彼らから情報収集するために、私は散歩をかねて、1号館から8号館まである校舎と図書館、食堂、体育館などを回り、学生たちがそれぞれの施設でどのように過ごしているのかを見る。

すれ違いざまに、「こんにちは」と声をかけ、立ち話ができそうなら、「図書館の本は十分ですか?」「食堂のごはんはおいしいですか?」などと、気になっていることを聞いてみる。

キャンパス散歩の情報収集中に、「調理実習をおこなう学校で、トイレの入口にドアがあると、衛生上よくないと思います」といった意見を学生から聞き、改修工事をおこなったこともある。

見知らぬ学生にわざわざ声をかける必要はないが、教職員も見知った学生には一日一善のつもりで声をかけてみてはいかがだろう。

つまらないと思える情報でも、数が集まれば学生の動向を分析するために役立つ。キャンパスからの情報に、ムダなものはひとつもない。

青春

悩み多き学生たちとは密にコミュニケーションを！

10代から20代前半の学生たちは、いまも昔も悩み多き世代だ。

ただ、いまの若者と昔の若者とでは、自立度も人とのかかわり方も違う。少子化時代の大学では、「学生をお預かりしている」という意識をもったほうがよいだろう。

学生や院生の自殺がつづき、全国の大学が頭を抱えた時期があった。

「何かといえば我々の責任が問われ、怖くて学生とどう接してよいかわからない」

こう話す先生もいた。

教員と学生が実験室で絶えず顔をつきあわせている理系の大学でさえこんな調子なのだ。学生とコミュニケーションがとりにくい学科の教員は、何か対策を講じる必要があるだろう。

どこの大学も、教員の研究室には「在室」「不在」を示すプレートがある。北海道文教大学の場合は、学生向けにオープン時間をもうけ、その時間帯を表示している。

学生がいつ来てもいいように、研究室に在室中は常にオープンにしてほしいと、学長時代にはよくいったものだ。しかし、それはムリという先生もいて、オープン時間帯の表示となった。

大学の規模の大小によらず、**学生にとって教員の存在は非常に大きい**。心を病み、危険サインを出している学生もいるかもしれない。「変わりないか？」と、**ひと言声をかけるだけでも、学生には大きな励み**だ。

余談ながら、現在の渡部俊弘学長は東京農大の出身で、長く農大のオホーツクキャンパスで教授を務めた。１人暮らしの学生が多く、豪快な農大気質そのままに、自宅にも学生を招いて面倒をみていた。いまも教え子たちの信頼が厚く、困ったときには逆に助けられているという。

教員と教え子の関係も、時を経ると大人の付き合いに変わる。学生とのコミュニケーションは一生ものだ。

リサーチ

中途採用は、前職の勤務態度をチェックしてから

暴言・失言、色恋沙汰《いろこいざた》などで醜態をさらす政治家が後を絶たない。大臣クラスだと、候補に上がると素行調査をしてから、安心・安全な人物が選ばれていたという。しかし個人情報保護法が施行されて、それもできなくなり、お粗末な事態が増えたらしい。

かつては、就職前に調査員を雇って身辺調査をおこなう企業もあった。

ある大手電機メーカーで面接を受けた女性、面接官に「恋人がいるようですね、結婚のご予定は？」と質問されてビックリ。採用されたものの、この一件が引っかかり、「この会社は信用できない」と、すぐに辞めてしまった。

だが、採用後はそう簡単にクビを切れない。雇う側にしてみれば、慎重にならざるを得ない。

北海道文教大学の教職員は、中途採用者がけっこう多い。

あるとき、飲みニケーション仲間の、ある国立大学の事務局長が定年間際の職員数

人分の履歴書をもってやって来た。みな、立派な経歴だ。しかし、事務職の採用では、面接をしても、それまでの仕事ぶりがわかりにくい。私は、友人が太鼓判を押した1人を採用した。たしかに有能な人物だった。

紹介者のお墨付きで採用した教職員で頭を抱えたことはほとんどない。

しかし、こんなケースもあった。

ほかの大学を辞めて、うちで働きたいと応募してきた教員がいた。前職の大学理事長が知り合いだったからすぐに電話を入れ、人となりを聞いてみた。あいまいな返答だったが、採用に踏みきった。

結果をいえば大失敗。無類の酒好きでトラブルをおこした。

本人とよく話し合いあれこれ手を打ったものの、重度のアルコール依存症は簡単には治らないらしい。契約更新を断念せざるを得なかった。

採用で失敗しないためには、研究業績や経験だけで判断せず、よりたしかな情報を入手して判断材料にしたい。

昭和30年代の北海道女子栄養学校南校舎

No.

Date

第3章

スマートに働くための備忘録

日本の大学とかかわり六十余年。
高等教育の未来を担う読者諸氏が、
よりよい仕事をして
達成感を味わうために、
人生経験から学んだ職場でのイロハを
ずばり、辛口で伝えよう。

処世術

遠慮は損、自分の意見は堂々と

「土建屋は、土建をやっておればいい。学校の預金通帳を預かったり、帳簿を預かったりするとはけしからん！」

借金が返済できず、松村組が管理していた鶴岡学園の帳簿や実印を返してもらおうと交渉したとき、親子ほども離れている松村会長に、私はけんか腰でかけあった。ずいぶん失礼なことをいったと思う。

学校運営のことで意見が衝突して、当時、理事長だった鶴岡トシ先生にも怒鳴ったことがあった。

短大協会の事務局長として全国の大学を視察し、理事長や学長から相談を受けることも多かったから、鶴岡学園の問題点がよく見えた。それで、つい意見をしたくなる。

「怖い人」と思われるくらいでないと、経営改革などできなかった。

教授会や学部会議など、大学では会議が多い。教員は学会発表など人前で話す機会も多いせいか話が長く、最初と最後の話がかみ合わない先生もいる。

だが、サラリーマン感覚が身についている職員となると、ちょっと様子が変わってくる。

年長者に何かいわれると、借りてきた猫のようにジーッとやり過ごす人が多いのではないだろうか。

自分の意見をいって生意気と思われても、クビになることはない。

昨今の大学はトップダウンで事が運び、指示どおりやればよいといった風潮が常態化している。

教員にしても、研究補助金の関係などで、自由な発想で研究に挑まなくなっている。挑まなくなった環境をどうにかしなければならないのだが、皆さん、自分の意見をいわないから、目先の勘定を優先する政治家や関連省庁の思いのままになってしまう。

意見をいわなければ、損をするのは自分だ。ただし、**意見をいうときは、裏付けがある論理的な話をする。主観的な話は説得力に欠ける**からだ。

職員心得

トップは職員のアイディアと活力を求めている

短大協会にいた頃、ある会員校から経営相談を受けた。

定員割れがつづき、教職員の手当もカットされて、経営はガタガタ。福祉系の学部をつくりたいが、意見を聞かせてほしいとのことだった。

ちょうど、介護保険制度の導入を控えていた時期だった。

「将来を見据えてやるならば福祉はいいけれども、福祉は一本立ちできない」と、わたしは答えた。

その大学は、予定どおり福祉系学部を増設した。学生も集まり、無事に5年目を迎え、6年目も7年目も入学定員を確保できた。

理事会や教職員は、V字回復したと思い込んだ。

ところが8年目にガクンと志願者が減った。理事会も教職員もあわてふためいた。

〝代打〟を何も用意していなかったのだ。

「福祉は、**職業として家族を養える給与体系ではないから、大学に進学して学ぼうという人は減る**。5年間は猶予があるから、しっかり検討しなさい」

こう助言していたにもかかわらず、聞く耳をもたなかったのである。

その後、職員のSさんが私の元を訪れた。短大を4年制大学に改組転換したいという。地元にある他大学の学部・学科を調べると、小学校教員の一種免許状、幼稚園教員の一種免許状、保育士の三種を同時にとれる学校がなかった。

競合相手のいないニッチ・マーケットである。

Sさんには、本書でも紹介した新設大学の補助金交付方法を教え、校名の変更、学部・学科名の付け方などもアドバイスした。その大学は細々ながらも、いまは地元に根を張り、学生を集めている。

最近、Sさんはこう語ってくれた。

「**経営状態がよくても、いつどうなるかわからない**ということを身をもって経験しました。**大学職員のやる気が経営に大きく影響することを、皆さんにも認識してもらいたい**ですね」

地方の小規模大学の脆弱《ぜいじゃく》さをイヤというほど味わったSさんだからこそいえる言葉だろう。

「自分の仕事をしながら、それ以外のアイディアや意見を上司や学長に提案してほしい」

と、私は常々、北海道文教大学の職員には伝えている。

大学職員は、与えられた仕事だけをやっていればよい、という時代ではない。基本的な仕事を軸に、経営維持につながる何かを探し、自分で新たな仕事を創りだしていかなければいけない。

たとえば、課長に昇進したのなら、部下の仕事の内容をすべて把握して、どんなことが起きても対応できるようにする。一般企業なら当たり前のことも、地方の小規模大学になると、こんなことさえわからない職員がいる。

「**安穏としていたら、明日はない**と思いなさい」

と、口を酸《す》っぱくして警鐘を鳴らしても、職員の行動を変えるのは一筋縄ではいかないのが実情だ。

短大協会にいた頃、役員会の席で「大学は職員でもっているのだから、給料をもっと上げたほうがいい」と提案したことがあった。

都内のある短期大学がそれに応えた。すると、職員がやる気を出すようになったというのである。

阿弥陀《あみだ》の光も金次第というわけだ。

若い職員の方々には、こんな言葉を贈りたい。

若い頃の苦労は買ってでもせよ。

意識改革

生ぬるいことはいわない、プロ意識でとことんやる

私は、大東文化大学を卒業後、社会保険事務所に就職した。年金問題で何かと世間を騒がせてきた年金事務所の前身だ。だが、2年で辞めた。書類を右から左へ流すだけという感じがして退屈したからだ。

そして、24歳のときに日本私立短期大学協会に転職した。以来、仕事、仕事でやってきた。

いまの日本人は、どうしてこんなに仕事をしなくなったのか、どうしてこんなに頭を使わなくなったのかと思う。

むろん、がんばっている人たちもたくさんいる。

しかし、世間には「働き方改革」だ「ブラックだ」などといって、仕事をすることが悪であるかのような風潮が広がっているような気がする。

わが国の北洋漁業が盛んだった時代、日本漁船は魚がよくとれる夜間にフル操業し

たという。「夕方5時になると、ソ連の漁船は漁場を離れて帰港した」そうだ。日本もこんなことでは、かつてのソ連のようになってしまう。

この国の未来は、だいじょうぶなのだろうか？

研究論文の数も、特許出願件数も中国に追い抜かれた。

世界大学ランキングについては、根拠とする項目に異論もあり、そう気にする必要はないと思うが、若い世代、とくに男が弱々しくなった姿を見るにつけ、国の行く末に不安をおぼえる。


「△△くん、きみはなんで出張経費の事務処理に時間がかかっているんだ？」

「はいッ、手続きが煩雑だからです」

「煩雑なことがわかっているなら、もっと簡単な方法に変えればいいじゃないか」

「でも、もともと、そういう仕組みになっているものですから」

「どうして、上司に改善策を提案しないのだ？」

「はぁ……」

どこの職場でも見かける光景だが、プロ意識をもって仕事に励んでもらいたいと思い、声を荒げて文句をいおうものなら、いまは、すぐに「パワハラ」といわれてしまう。そのため、経験豊かな職場の先輩たちは、若手の部下をお客さま扱いしがちになる。それでは、人は育たない。

若い読者諸氏にいおう。

強くて、憎たらしい相手に歯向かう手立てを、「パワハラ」や「ブラック」の4文字に逃げ込んでいたのでは、弱肉強食の経済社会を生き抜く術《すべ》は、いつまでたっても身につかない。

理不尽なことをいわれたら、相手に噛《か》みつくくらいの勢いで生き抜く術を磨いてほしい。

そして、心身ともにパワーをつけるには、きちんと飯を食うことだ。カップ麺《めん》ばかり食べていると、心まで弱くなる。これは科学的根拠がある事実だ。

健康のために、働きすぎを改めるのはよい。

しかし、1日8時間なり9時間の中身はどうなっているのだろう？　創意工夫をしてムダな作業を減らし、効率のよい仕事をすることこそが、真の「働き方改革」ではないだろうか。

職場に「のほほん派」が増えると、頭を使い、体を張ってがんばっている者の負担が重くなる。その結果、残業も増える。

もし、その**デキる人間がいなくなったら、組織はガタガタに崩れる**。そして、気がついたときには経営悪化、大学の廃校である。

手前味噌《てまえみそ》の話になるが、たとえば会議の前には資料を全部読み、関連することまで調べ、どんな質問にも応じられるようにしてきた。「わかりません」とはいいたくない。若い時分は、徹夜をしてでも勉強した。

与えられた仕事をするのは当たり前。

それ以上のことをしなければ、仕事とはいえず、プロではない。

18歳人口減少時代の大学では、教職員の1人ひとりがプロに徹しなければ、生き残りはむずかしい。

意地とプライド

難攻不落の〝山〟は熱意とねばりで挑む

日本私立短期大学協会には70歳まで在職した。

この協会は、短期大学制度が発足した1950年に設立され、2000年に50周年を迎えた。その記念式典の準備で定年延長。退職してすぐに、鶴岡学園の理事長になった。

式典にはVIPが何人も集まった。そのうちの何名かは超大物。協会トップの命令で、出席していただけるよう企画した。

といっても、このときばかりは人脈頼りというわけにもいかず、VIPの部下のもとに足繁くかよい、ひたすらお願いした。

じつは、この部下のところにたどり着くまでがたいへんで、山登りをしない私が、切り立った槍《やり》ヶ岳《たけ》を登る思いだった。登山を命じた協会のトップには、「おれは登り方がわからないから、おまえが登れ」といわれたようなもので、こっちだって登り方を知らないから、このミッションは、人生最大の難関だった。

しかし、宮仕えの身。「できません」とはいえない。こうなったら正攻法で挑むしかあるまい。

腹を決めて、とりあえず山のふもとまで行った。空が晴れるのを待つこと数日。いい年をして、〝槍ヶ岳〟のふもとを、雨の日も風の日もうろついた。

ある日、ついに雲が晴れ、ようやくＶＩＰの部下までたどりついた。

次の難関はエベレスト級だ。だが最初は、あっさりと行く手をはばまれた。

それでもあきらめなかった。見上げれば、そこにエベレストがある。

かたい決意で、何度もアタックを試みた。

そして、ついに〝槍ヶ岳〟が動いた。クレバスにも雪崩《なだれ》にもあわず、ビューンと神風が吹いて、私は一気に〝エベレストの山頂〟に到達できた。

熱意は、人の心を動かす。

熱意は、ネガティブに傾いた自分自身の励ましにもなる。

難関に直面したときは成功する姿を思いうかべる。あとは「熱意」である。

ポジティブシンキング

仕事は孤独、自分を信じてゴールをめざせ

日本私立短期大学協会の創立50周年式典にＶＩＰを招聘《しょうへい》しようと会議で決定したとき、私は交渉役を命じられた。

先述のとおり、その仕事は、登山経験のない私がエベレスト登頂に挑むようなものだった。

あの山では、ずいぶんと登山家やシェルパが命を落としているという。私の仕事も「成功」が至上命令だったから、命懸けのようなものだった。

ＶＩＰの部下に会うまでの数日間、人目もはばからず建物の正門付近をうろついた。まるで週刊誌記者の張り込みだ。

なんでも張り込みというのは、近隣住民の通報におびえながら、そこにいる間中バツの悪い思いを味わい、プライドとの葛藤《かっとう》だと聞く。

私は当時60代。社会的にもそれなりの地位があったから、成功せねばならない至上

命令とプライドのはざまで揺れながら、門前をうろついた。

職務を遂行するというのは孤独との闘いだ。

めざす山が高いほど、闘いの時間も長くなる。

息が切れたまま挑むと、途中で〝滑落〟しやすい。だから、時々、**休憩しながらゴールをめざす。**

道中、いちいち感情がゆれ動くと疲れてしまう。したがって、到達の喜びだけを思い描きながら淡々と進む。

時間はかかっても、前進しているのだから、ゴールは必ず見える。トンネルを抜けると、美しい銀世界が広がっているように。長い冬をじっと耐えれば、必ず春が訪れるように。

我々サラリーマンは、与えられた仕事は「できない」とはいえない。

仕事をやるからには自分の力を信じて、突き進む。

信念は、ムリと思えることでも可能にする。

経験者の私がいうのだから、まちがいない。

知略

世話になった恩は返す

いま、鶴岡学園では札幌市南区藤野にある「北海道文教大学明清高等学校」の恵庭移転の準備を進めている。

移転時期は2021年春。移転場所は、大学のキャンパスの一角だ。

高校と大学を同じ敷地内に置くことで、国が推進する「高大接続」を文字どおり〝接続〟させ、連携をはかっていこうというわけだ。

恵庭のキャンパスには2019年の時点で、1号館から8号館まで8棟の校舎と体育館、図書館、鶴岡記念講堂、本部棟、サークル棟とある。このうちの3棟は清水建設に依頼したが、ほかはすべて松村組にお願いした。

理由はふたつ。借金返済で世話になった、いい仕事をする、この2点だ。

私が鶴岡学園の理事になって数年後に、高等学校の校舎の建て替えが急務となった。頼むなら松村組しかない。ある日、松村会長の倅《せがれ》で社長だった雄二さんを呼んだ。

「高等学校の校舎を建て替える予定なんだが、松村組にお願いしたいと思ってね」

「えーッ、これだけ借金があって、まだ借金をつくるんですか？」

「借金を返すために高校を建て替えるんだ。**建物がきれいになったら、入学希望者も増える。そうすれば収入も増えるから借金も返せる**」

私はさらにいった。

「いつかはいいことがあるから、今回はがまんしてこれでやってくださいよ」

狐《きつね》につままれたような表情を浮かべながら、それでも松村社長は首を縦に振ってくれた。

松村会長も、親しくお付き合いさせていただいた雄二社長も鬼籍に入られた。松村組も2005年に民事再生法の適用を申請し、いまは創業一族も離れている。

しかし、**世話になった恩は返す**。

だから、現在建設中の高等学校の校舎を発注した。もちろん、だいぶ値切ったが。

これも**信頼関係があるからこそできる駆け引き**だ。

合理主義

段取り八分の仕上げ二分、教授会は時短で

ある国立大学で、教授に昇格して5年もたたないうちに、トラブルをおこしたわけでもないのに大学を辞めた人がいた。それを聞いたある公立大学の若手教授が、
「その気持ち、わかります。ぼくも教授になったとたんに会議が多くなって、自分の研究時間がとれなくなりました。すぐにでも辞めたいくらいです」
と真顔でコメントした。

大規模な国公立大と小規模な私大とでは比較にならないかもしれないが、会議が負担になるなど、北海道文教大学ではあり得ない。

大学に教授会を置くことは、学校教育法第93条で定められている。

平成26年の学校教育法改正では、学長から意見を求められないかぎり、教授会での議論は不要とされた。

先生たちの会議は理屈が多くて長い。北海道文教大学でも教授会というと、何時間

もかかっていた。

学長に就任後、私はそれを30～40分で終わるよう、従来の仕組みを変えた。議案をそのまま教授会に持ち込まず、教授会の前日まで、各学科の担当委員会が事前に打ち合わせをするので時間がかからない。

段取り八分の仕上げ二分でムダを省く。

したがって、准教授から教授に昇格したからといって、研究時間がとれなくなるということはない。

北海道文教大学では、教授会には人事権も予算権もない。

教授陣がかかわるとややこしいので、私が学長だった当時、学長判断で外した。法的に問題はないが、他の国公立大学を退官後に移ってきた教職員は、目を丸くする。

小規模大学だからこそできる〝省力化〟だ。

その分だけ、先生方には教育と研究に力を注いでもらいたい。

しかし、**権力が一極集中するのは避けているつもりだ**。

なぜなら、パワーバランスが崩れると、学生の定員充足率が低下するといわれてい

るからだ。

経営畑の理事長と教育畑の学長。いまは、学長自らがトップセールスで国内外を飛び回り、私は理事長室で数字に目を光らせ、両輪がバランスよく回っている。

高齢の私自身は、栄養バランスに気をつけながら奮闘中だ。

創設者の鶴岡新太郎、トシ夫妻の胸像前で。背後の建物は北海道文教大学鶴岡記念講堂

科学技術イノベーション

AI時代、10年先を想像していまを考える

1940年前後に、アメリカで世界最初のコンピュータが登場した。それから100年もたっていないというのに、1990年代にはIT革命がおこり、いまやAI（人工知能）の時代だ。

科学技術の進歩はめざましい。理学療法学科、作業療法学科、看護学科を置く北海道文教大学もその恩恵を受け、実習室では各種のリハビリテーション機器や医療機器が活躍中だ。

理学療法士、作業療法士、看護師は中腰での作業が多い。昨今はロボットスーツも普及しはじめた。開発当時の製品と比べて一段と着用しやすいデザインのものが出回っている。人類で初めて超高齢化社会を経験中の日本では、必須《ひっす》の器具になるだろう。

人と会話をしたり、オフィスやホテルなどの受付をしたりする「コミュニケーションロボット」は、2030年には日本国内で900万台も普及するという予測がある。

コミュニケーションロボットのなかには、認知機能低下の予防にも役立つ製品もあり、けっこう人気らしい。ペットを飼えずアニマルセラピーによる認知機能低下の予防ができなくても、ロボットが代用してくれる。

看護師の代わりに患者の様子を観察し、話し相手にもなってくれる看護ヘルパー型ロボットが登場したら、医療現場もさぞかし快適になるだろう。

技術の進化はめざましい。

大学も、**AI時代を先取りした運営**が求められるのではなかろうか？

AIは、従来のディープラーニングからニューロンナレッジモデルの研究にまで発展している。これは自らの欲求で学習し、自ら思考する、いわば人間の脳のような仕組みをもつという。

「鉄腕アトム」のようなロボットが、いずれ学生の仲間入りをするようになるかもしれない。新たな〝18歳人口〟の登場に期待したい。

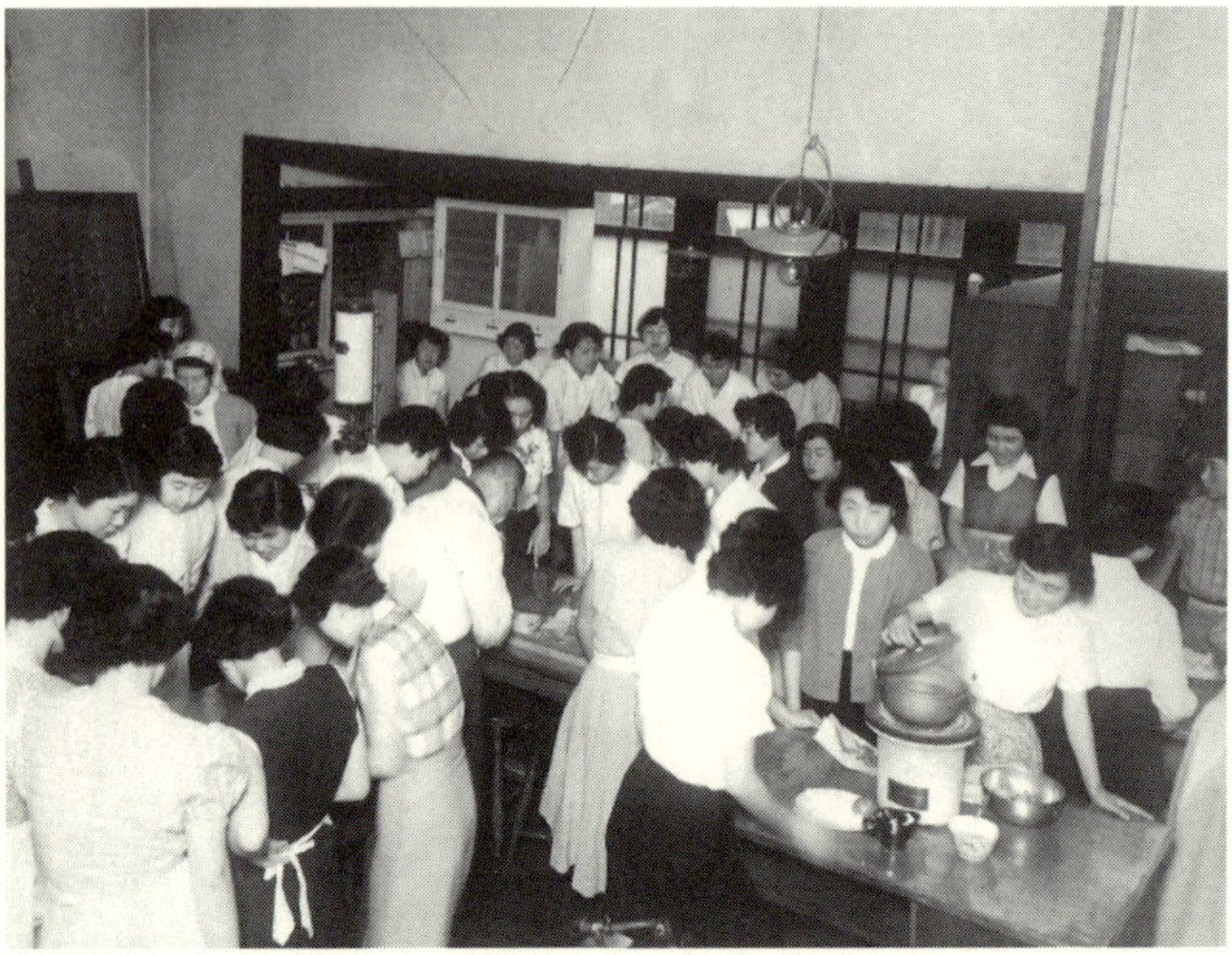
調理実習にはげむ生徒たち（昭和20年代、南3条の校舎にて）

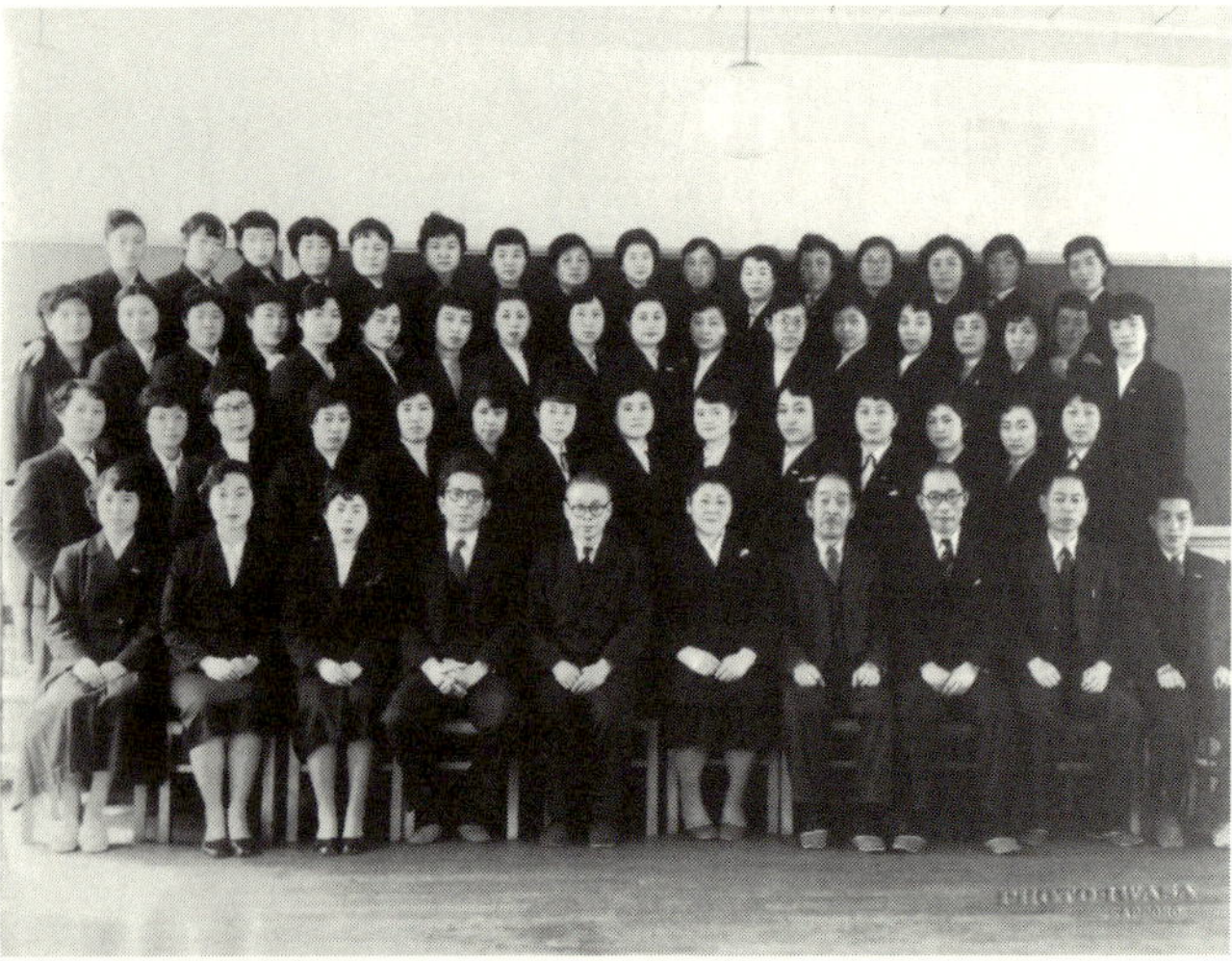
昭和30年ころの卒業式

No.

Date

第4章

サバイバルの極意

多額の借金、志願者減、
教職員と経営幹部の関係悪化。
知恵とねばりと前向き姿勢で挑んだ
鶴岡学園V字回復への道。
多難に見える障壁は、
日々の小さな心がけで乗り越えたい。

流行廃《はやりすた》り

経営安定化のための新設・改組・改称・増設・増員

受験生をとりまく環境はたえず動いている。

これからはコンピュータだ、グローバル化だ、即戦力となる専門職だ……。こうした経済界や文科省の風向きに加えて、受験生はマスコミの影響も受ける。

たとえば、2001年から木村拓哉がテレビドラマで型破りな検事を演じたことがあった。ある私学の法学部には、中高生時代に見たこのドラマがきっかけで、法曹界に憧《あこが》れて入学したという学生がたくさんいた。

受験生は世間の風に乗りやすい。

360度にアンテナを張りめぐらせ、絶えず更新されている動向を的確につかむ必要がある。

ところで、北海道文教大学は文科省の助言を受けて、「外国語学部」だけで新設した。むろん1学部だけで経営が安定するとは考えていなかった。

もともとが栄養士を養成する学校だったから、短大を廃止して、大学に「人間科学部健康栄養学科」を増設した。これにより学生も増えた。

いっぽうで、外国語学部の中国語学科の受験生が減っていた。背景には、中国に工場を置いていた日本企業が、タイやベトナムなどへ移転しはじめたことや、日中間の感情的なもつれなどがあった。つまり、中国熱が冷めたのだ。

その影響は大学にも及び、中国語学科の受験生が減った。

そこで2006年にまず「中国語コミュニケーション学科」と改称し、50名の定員を40名に減らした。英米語学科、日本語学科も同様に改称。

さらに2010年には、外国語学部の3学科を「国際言語学科」と名称変更し、定員を100名とした。それでも中国語の不人気がつづき、結局、2013年3月に、中国語コミュニケーション学科を廃止した。

教員の人件費をはじめとする必要経費と学納金による収入のバランスがとれなくては、赤字はふくらむ一方だ。ダメなときはスパッと見切りをつける。その覚悟が必要だ。

テクニック

既存学部・学科の入学定員数を減らして補助金交付

「私立大学等経常費補助金取扱要領」に明示されているが、原則として、大学の新設に際しては、完成年度（新設学部や学科の初年度に入学した学生が卒業する年度）を越えてからでなければ、補助金は交付されないことになっている。

そのため、1999年4月に北海道文教大学を新設したときは、補助金が交付されなかった。その最初の卒業生を送り出したのが2003年3月。同年4月に入学定員150名で「人間科学部健康栄養学科」を増設した段階で、初めて補助金が交付された。

しかし、初年度から補助金の交付申請をおこなえる方法もある。

ここで、ひとつテクニックをご紹介しよう。

「私立大学等経常費補助金取扱要領」では、別記2に「標記について下記に該当する場合には、当該大学等又は学部・学科に係る補助金を交付することができる」とされている。

記

認可あるいは届出により設置された大学等又は学部・学科のうち、既設学部・学科の定員の減を伴うもの（短期大学及び高等専門学校の学科の定員の減を伴い設置された大学の学部・学科を含む。）

たとえば、入学定員が200名の短大A学科があるとしよう。この学校法人には短大しかなく、大学Bを新設する。短大A学科の入学定員のうち、100名を大学Bにふりわける。このふりわけが、別記2にある「定員の減を伴うもの」に該当する。そして、このふりわけにより、大学を新設した初年度から補助金の交付を受けられる。

短大Aについては、100名（1年）+200名（2年）で300名分。

大学Bについては、100名×1年で100名分。

両者をあわせて、初年度には400名分の補助金が交付される。「私立大学等経常費補助金取扱要領」には、しっかりと目を通したい。

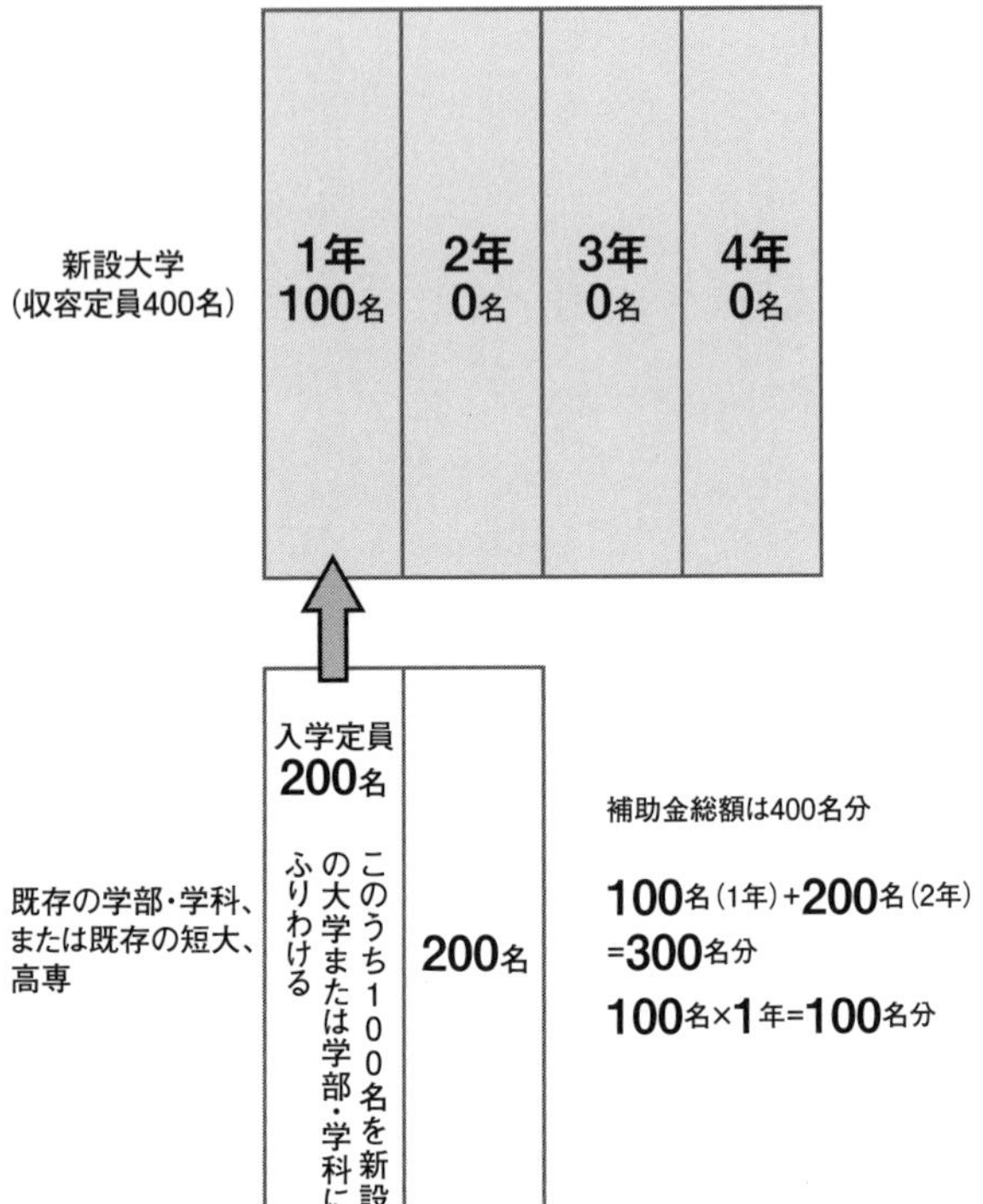

新設大学の学部・学科の増設は、完成年度を迎えなければ補助金対象とはならないが、既存の学部・学科、もしくは既存の短大、高専の入学定員の一部をふりわけると、初年度から補助金を受けることができる。

経営の基本

経営安定化の源泉は学生数と学納金

1999年4月に外国語学部のみ、学生数150名で開校した北海道文教大学は、2019年4月の時点で2学部6学科、大学院4研究科で、学生数は2200名を数える。

「人間科学部」を新設して健康栄養学科、理学療法学科、作業療法学科、看護学科を次々と立ち上げたことで学納金が増えた。2009年に経常経費がプラスに転じて以降、基本金組入れは支出超過にならない額を組入れ、財政は安定している。

くり返すが、私学の経営は学納金という売上によって成り立つ。いくら高尚な理想を掲げようが、優秀な教員がいようが、学生がいなくては運営資金が得られない。

では、適切な人数はどのくらいだろう?

結論からいうと、この先、学生数1000名程度の大学は、経営がきびしくなるだろう。

かつて、私学事業団では、入学定員1000名で経営は安泰すると発表していた。

しかし、最近は18歳人口減少を考慮して、入学定員600〜700名に変更された。

この数字でいえば、4年制大学では学生総数2400〜2800名で、だいたいやっていけるということになり、3000名なら安泰まちがいなしである。

過去40年間の、男女あわせた大学進学率を見てみよう。

1975年 27・2％
1985年 26・5％
1995年 32・1％
2000年 39・7％
2005年 44・2％
2010年 50・9％

そして、2018年は過去最高の54・8％になった。バブル経済（1990年）が崩壊しても、リーマンショック（2008年）がおきても進学率は伸び、学生数も増加している。

仮に、1人の学生が初年度に入学金と授業料を合わせて140万円納めるとしよう。年間授業料は100万円。入学定員600名を充足したとして、初年度は8億4000万円。翌年から6億円×3年間＝18億円。

600名の学生が納める4年間の合計は26億4000万円となる。つまり大学全体で見て、1年生～4年生まであわせると、毎年26億4000万円ずつ収入として入り、学生数が増えるほど、この数字は大きくなる。

大東文化大学の理事長に就任して数カ月後のことだ。校舎の建設費の支払いがかさみ、運転資金が底をつきそうになった。

当時の学生数は1万7000人。これだけ規模が大きくなると、入ってくる金額も大きくなる。後期授業料の支払い期限を前倒しすることで難を逃れた。学生サイドからとくにクレームはついていない。

学生数の多少にかかわらず経常的経費はかかる。学生数は多いほうがよい。

算盤《そろばん》をはじく

入学定員充足率90%以上補助率プラスは損か得か

北海道文教大学の学長時代、卒業式では学生1人ひとりに卒業証書を手渡した。仲間や保護者が見守るなか、学生たちは緊張でカチコチだった。

「おめでとうございます。がんばってください」

こう声をかけると、たちまちニコニコと笑顔になった。卒業生の喜ぶ顔を見たくて、私は毎年、卒業証書の授与をおこなった。

さて、卒業生の人数はというと、入学定員であった。途中で退学してしまった学生もいたのに入学定員とはどういうことか?

答えは簡単である。入学時に入学定員を上回る数で採用していたからだ。いわゆる入学定員超過である。かつての親は大学入学資金をしっかり蓄えてから、わが子を受験させたものだが、昨今は、入学時にかかるお金は合格してから用意しようという傾向がある。

家計にまったく余裕がないまま進学すると、やはり途中で息切れして、退学してしまう。進路変更による退学者もいるが、いずれにせよ退学者が出ることに変わりはない。

年間の授業料100万円、入学定員600名中の10名が退学したとすると、年間マイナス1000万円。10人とも2年で退学したとすると、残る2年間はマイナス2000万円となる。経常収入も補助金も少ない小規模大学では見過ごせない額だ。

数年前に、文科省と日本私立学校振興・共済事業団は、2019年度から入学者数超過のある私立大学に対しては、私学助成金を減額するペナルティを科すと決めた。

そのかわり、入学定員充足率100～95％の大学については、補助金の基準額（経常的経費×補助率）の増額割合をプラス4％、同94～90％についてはプラス2％増額となる。

しかし、入学超過については発表後に改善が見られたとして、2019年度からのスタートは見送られた。

退学者を見越した入学超過でバランスをとるのがよいのか、入学定員の充足率90～

100％で、補助金の増額を期待するのがよいのか？

日本私立学校振興・共済事業団によると、平成30年度の私立大学等経常費補助金交付の状況は、私立大学で学生1人あたり15万3000円だ。

仮に入学定員600名中の10名が退学すると153万円のマイナスになる。これに加えて授業料分の1000万円が入らない。

いっぽう、経常費等補助金は経常収入の10％程度だ。

仮に年間授業料を100万円、入学金を40万円、入学定員600名として、ある年度の学納金の合計は8億4000万円。このうち10％が補助金だとすると、経常費等補助金は8400万円となる。

18歳人口はますます減る。入学超過よりも定員割れ対策を第一に考える時期を迎えている。

経営の基礎

学校法人会計のポイント

私立学校は、教育面では「教育基本法」、経営に関しては「私立学校法」、補助金については「私立学校振興助成法」が適用される。

いずれも改正を重ねているが、昨今は、学長と理事会に権力が集中する恐れがあるという批判もある。しかし経営については、残念ながら一般に先生方は疎《うと》く、学校経営の基盤が財務である以上、この批判は、「言うは易くおこなうは難し」ではないかと思う。

私立学校振興助成法第14条第1項に、「補助金の交付を受ける学校法人は、文部科学大臣の定める基準（＝学校法人会計基準）に従い、会計処理を行い、貸借対照表、収支計算書その他の財務計算に関する書類を作成しなければならない」とある。

学校法人会計基準は、学校法人の経理の標準化を目的に昭和46（1971）年に制定された。

余談になるが、鶴岡学園には学校法人会計基準が施行される前の収支計算書が残されていない。１９６９年に私が理事に就任した当時、経営困難におちいっていたことはすでに書いたが、校舎を建設した松村組に対して億単位の借金があったことはわかっているが、金額が記録されていないのだ。理事会の大半を教育者が占め、事務方にも学校経営に通じたプロがいなかったため、そのようなことになったのだろう。

「学校法人会計基準が施行された頃は、ゼロからの勉強で、夜遅くまで残業して本当にたいへんでした。そのおかげで、学校法人の経理を身につけることができたのですけど」

と、当時、雑務兼事務員だった浅見晴江事務局長は苦笑する。

ともあれ学校法人会計基準が施行されてからは、どの私学も経営の健全化が進んだ。

話を戻そう。

学校法人会計の仕組みは、基本的に一般企業と同じだが、用語が異なる。たとえば企業でいう「キャッシュフロー計算書」は、学校法人では「資金収支計算書」と呼び、「資金収支内訳表」「人件費支出内訳表」「活動区分資金収支計算書」を用意する。

学校法人が用意しなければならない計算書類

お金の動きがわかる	資金収支計算書	資金収支内訳表 人件費支出内訳表 活動区分資金収支計算書
価値(純資産)の動きがわかる	事業活動収支計算書	事業活動収支内訳表
会計年度末の財政状態(運用形態と調達源泉)がわかる	貸借対照表	固定資産明細表 借入金明細表 基本金明細表

企業でいう「損益計算書」は「事業活動収支計算書」と呼び、「事業活動収支内訳表」を用意。「貸借対照表」の呼称は同じだが、学校法人会計では、「固定資産明細表」「借入金明細表」「基本金明細表」を用意せねばならない。

さらに、この基本金明細表には、「第2号基本金の組入れに係る計画表」と「第3号基本金の組入れに係る計画表」が必要だ。

企業会計とは表現方法が違うので少々ややこしいが、上図を覚えておくと、初心者には理解しやすいだろう。

提言

学生・教職員も海外から。大学にもダイバーシティを

不景気で、日本各地の観光地が閑散とした時期があった。

その後、2011年に東日本大震災がおきた。福島原発事故が追い打ちをかけ、日本で暮らす外国人まで逃げ出してしまった。ところが震災から1年もたたない時期に、星野リゾート代表の星野佳路氏が、ある雑誌で日本の観光は回復すると語っていた。何を根拠にそのようなことがいえたのか？

震災前の2010年、経済産業省は「クール・ジャパン室」を立ち上げていた。その後、2013年には日本の魅力を海外に発信するために、官民ファンドによる「クールジャパン機構」が立ち上がった。

官民組織のリーダーシップで、国民の1人ひとりが自分なりに「おもてなし」をがんばった。それが日本ブームへとつながったのだろう。

B級カルチャー、伝統文化、整備されたインフラ、安全性の高さ、人情など、日本

人の〝当たり前〟が、外国人には魅力らしい。

日本に関心をもつ外国人が増えているいまこそ、18歳人口減少問題を抱える大学にとって、学生数を増やす大きなチャンスではなかろうか。

独立行政法人日本学生支援機構が2019年1月に公表した調査結果によると、外国人留学生は29万8980名にのぼる。この数字は右肩上がり。

しかし、実態はというと、2011～2018年の7年間の増加率は、短大と高専を含む大学が23％（1万6445人）に対して、日本語学校は274％（6万5987人）、専門学校168％（4万2308人）。大学で学ぶ留学生はそれほど増えてはいない。

そのような実情があるなかで私が注目してきたのは、大分県別府市にある立命館アジア太平洋大学（APU）だ。

2000年に学校法人立命館が創設したAPUは、全学生約5800名のうち、約半数を91カ国・地域からの国際学生が占め、約97％が学位取得を目的に入学してきたという。

学生と研究生の総数が約2万8000名の東京大学は、大学院生と研究所などの研究生を含めた外国人学生が約4000名、全体の約14%だ。APUの約50%には遠くおよばない。

APUの特徴をもう少し見てみよう。

まず、入学審査の要件には日本語が課されていない。

また、日英2言語の教育カリキュラムを組み、入学後の1年間は日本人学生と外国人学生が、「APハウス」という学生寮で共同生活を送る。異文化交流のイベントも盛んだ。

大分県出身の学生は10%ほど。この大学の視野は、設立当初から世界に向いていた。

いっぽう、日本の多くの大学は、言語・文化・宗教等の多様性を蚊帳《かや》の外に置き、18歳人口の減少にばかり目を向けてきた。

だが、APUのケースが示すように、**マーケットは世界に広がっている**。

じつは、北海道文教大学も学生募集を海外にも広げようと、検討中だ。

人間科学部には健康栄養学科、理学療法学科、作業療法学科、看護学科がある。海外には、日本で専門知識と技術を身につけ、コ・メディカルのスタッフとして日本で働きたいと考える若者もいるはずだ。とくにＬＣＣが飛んでいるアジア諸国の若者には、魅力的に映るのではないだろうか。

作業療法学科には韓国から北海道大学大学院と札幌医科大学に留学し、北海道文教大学の教員となった女性が２人いる。２人とも日本語で学生を指導しているが、海外からの入学希望者の受け入れには、**日本語での教育にこだわるべきではないだろう**。また、**教員と職員も日本人にこだわるべきではない**。

興味深いことに、ＡＰＵがある大分県は、現在の「ご当地もの」の原点ともいえる「一村一品運動」の発祥地だ。次は、日本における大学のダイバーシティ化の発祥地といわれるようになるに違いない。

いっぽう、北海道文教大学はキャンパスから車で20分の距離に新千歳空港がある。別府の市街地からかなり離れた場所にあるＡＰＵのキャンパスにも世界中から学生が集まるのだ。アクセスのよさをムダにしないためにも、まずは教職員の意識改革からはじめようと動き出したところだ。

人件費は経常経費の50％以内、減益時は節約あるのみ

「職員をもっと増やしてください」

という声が、今年も鶴岡学園の職員のあいだから上がった。

入学者の募集活動、学園全体の広報宣伝活動、地域との連携活動などの強化をはかるには、人手は多いほうがいい。

しかし、私は首を縦に振らなかった。

札幌市南区にある北海道文教大学明清高等学校が２０２１年4月に恵庭キャンパスに移り、学校名も「北海道文教大学附属高等学校」に変わる予定だ。新校舎の建設には33億円かかる。職員の仕事のやり方を見ていると、少しの工夫で効率化をはかれる作業がいくらでもある。改善もせずに、人数ばかり増やしても、結局、また人手不足という声が上がる。

理事長の立場でいちいち口をはさむわけにもいかないので静観しているが、お金の

かかる時期でもあり、職員の数は現状維持でよいと判断した。

一般に、人権費は経常経費の60％以内が安全パイとされている。

いっぽう、私はこれまで**50％以内に抑えてきた。安泰な数字**なのだ。

鶴岡学園についていえば、1987年の時点で10億円の借入金があり、これをゼロにして、プラスに転じるためには、享保《きょうほう》の改革で財政を立て直した徳川吉宗にならい、質素倹約の必要があった。

1日8時間。段取りよく会議をおこない、〝時短〟に努めれば、その他の業務を圧迫することもない。各々が効率よく仕事をする工夫も必要だ。

教職員に欠員が出て公募する際、勤務形態は「任期3年」として、職種によっては再任しない場合もある。定年退職後の再雇用に関しては、理事長に一任されており、年度ごとに個々の事情や仕事具合を考慮して年収を決め、減益時にはそれに応じて前年度より下げる場合もある。

したがって、数字と個々の仕事ぶりには常に目を光らせている。

独善的と思われるかもしれないが、財源である生徒・学生を確保するために環境整備を最優先している状況では、人件費を抑えるしかないと考えている。

じつは、私自身は理事長就任後に「給料はいらない」と申し出た。ところが、これには理事会から規定に沿うべきだと反対された。しかたがないので、ほかの方法を考え、「鈴木武夫奨学金」制度を設け、寄付をつづけてきた。

アメリカのトランプ大統領は、前回の選挙戦中に、給料はいらないと公言した。実際には連邦法で年収40万ドルと決められ、毎月自動的に給料が支払われるそうだが、そんなこともあってか、就任後にそれまでの3カ月分を国立公園に寄付したと報じられている。

過去にはジョン・F・ケネディ大統領も給料をチャリティーに寄付し、カリフォルニア州知事時代のアーノルド・シュワルツネッガー氏も、給料は1ドルだったという。アメリカでは富豪の政治家によくある話らしい。

私もささやかながら教職員のがんばりに、身銭で応えたい。

循環型手法

借金と校舎新設と学納金の〝SKGサイクル〟

1967年、北海道文教大学の前身だった北海道栄養短期大学で3号館が建てられた。

学生が思うように集まらず、資金繰りに窮した鶴岡学園は、松村組に建設費が払えなくなった。先述したとおり、私が理事になってから松村会長にかけあい、毎月、期日までに取り決めた額を返済すると約束した。

しかし、その頃には附属高校の校舎の老朽化が目立つようになっていた。

国公立大学の合格率が高いなど、何か特徴がなければ、オンボロ校舎の高校に行きたいと思う生徒はいない。安全面からも建て替えは必須《ひっす》だった。

だが、金はない。さて、どうするか？

松村雄二社長に、「借金を返済するために、高校の校舎を新築したい」といって交渉した。**校舎がきれいになれば生徒も集めやすくなり、学納金も増える。そうすれば**

資金に余裕が生まれ、借金も返済できる。

I have a Shakkin. I have a Kousha. Shakkin + Kousha. UHhhHhhhhhhHh Gakunoukin♪

略して、SKGである。

1973年、高校の新校舎ができた。といっても、半分だけだ。増設するときのために、校舎の一部は構造体の一部がむき出しになった。しかし、翌年には残る半分の建設に着手できた。そして、1976年から3期に分けて短大校舎を建て替えた。現在のキャンパス用地を購入したときも同様の方法をとった。

ある温泉ホテルの女将《おかみ》が、「ホテル業というのは、集客のために、建物のリニューアルをくり返す。銀行に借金を返し終えたと思ったら、次にまた借りなければならないので自転車操業です」といったことがある。

〝SKGサイクル〟もホテル経営に似ている。つまずかないように、回していきたい。

No.

Date

第5章

志願者増のヒント

大学の経営成功例、失敗例を
いくつも見てきた。
その経験を生かして新設した北海道文教大学。
学生数は、改組転換前の短大学生数の3・5倍に増えた。
成功の秘訣は、
マーケティングと算盤《そろばん》だった。

サービス

送迎バスや交通費補助で、交通不便をカバー

全国の大学数は、平成30年度の時点で780校、短大は337校ある。両者をあわせると1000校を超えるが、平成30年度の大学進学率は57・9%。過去最高というが、全体の6割弱だ。そして、18歳人口は減るいっぽう。2031年には100万人を切るといわれている。

いまや大学側は、「学生に来ていただく」時代になった。

1984年に鶴岡学園が恵庭市に新たな大学用地を購入したとき、「工業（工場）等制限法」と「高等教育計画」の大学設置政策により、札幌の市外を選択せざるを得なかった。

東京都内にあった大学も1970年代に次々と多摩地域や神奈川、埼玉などに新キャンパスをつくった。

郊外のキャンパスは、大学の近くにアパートを借りると家賃がかかり、アルバイト

文化祭での学生たちの様子（北海道文教大学HPより）

をしている学生にとっては、バイト先が少なく、たまったものじゃない。女子学生の場合は、大学と最寄り駅までの治安も気になる。

そうこうしているうちに、規制が緩和され、2002年には制度の根拠となっていた工業（工場）等制限法は廃止となり、大学の都心回帰がはじまった。

その成功例のひとつが、女子教育の名門「実践女子大学」だ。

1960年代に日野市にキャンパスを新設した同大は、2014年にもともとのキャンパスがあった渋谷にキャンパスを整備して移転した。

渋谷駅から歩いて10分程度。地下1階、地上17階建ての校舎だ。地方都市では大学の校舎というとせいぜい5〜6階だが、東京では高層ビルの校舎が当たり前になりつつある。実践女子大学では、都心回帰後に志願者が30％ほど増えたという。

川越市や坂戸市など埼玉県内の数カ所にキャンパスを置く東京国際大学も、池袋にあった造幣局東京支局の跡地の一部を買収。２０２３年9月に「池袋国際キャンパス」を開設する予定だ。

新校舎は池袋駅にも近く、立地条件のよさは武器になるだろう。

学生の都心回帰は北海道でもおき、志願者は札幌市内の大学を選ぶ傾向がある。我が北海道文教大学にとって、これは由々しき問題だ。

しかし、希望を捨てたわけではない。最寄りのＪＲ恵庭駅はＪＲ札幌駅から24分。そして、昨今、急激に子育て世代が増えている千歳市に隣接。恵庭市の人口も毎年わずかながらも増えている。

こうした地元と近隣自治体の人口増をふまえて、札幌市南区にある北海道文教大学明清高等学校と大学のキャンパスをひとつにすることを決めた。

移転前に入学した生徒については、恵庭キャンパスに通学する1～2年間、自宅から札幌駅までの交通費を学校がもつことにした。

すでに、この高校では「通学費特別補助制度」を導入し、路線バス（じょうてつバス）の利用者に月額最大7500円を補助し、保護者の方々に喜ばれている。

最寄りの鉄道駅から離れている大学のなかには、**シャトルバスを運行**させているところもある。それが無理なら、せめて**通学費補助を提供**する。

学生の保護者は高額所得者ばかりではない。競合する学部・学科の大学が近隣にある場合、**「お得感」は保護者の心をくすぐる**はずだ。「そんなことまでしなければいけないのか」と思うかもしれないが、地方都市にある小規模な私学にとって、少子化はそれぐらい深刻な問題なのである。

将来ニーズ

地域性にあわせた学部・学科で学生獲得

北海道文教大学は、北海道女子栄養学校からはじまった。

創設者の鶴岡新太郎先生は、北海道庁立札幌高等女学校の家事科教員。いっぽうの妻、鶴岡トシ先生は元小学校教員。東京から札幌に移住した新太郎先生が、北海道庁の依頼で道内各地の食生活指導をおこない、開拓農民の貧しい食生活に心を痛め、夫婦で栄養士養成学校を開いた。

開校は1942年6月。「国民が健康でなければ戦争には勝てない」と訴え、ようやく北海道庁の許可が下りたという。

富国強兵はともかく、たしかに国民が健康でなければ、国の繁栄はむずかしい。

昨今、日本では糖尿病や動脈硬化などの生活習慣病と高齢者の健康寿命の延伸が課題だ。つまり、この課題に取り組める専門的知識と技術を身につける者には、活躍の場が広がったわけである。

食べることと健康は人類共通の願い。公衆衛生は普遍だ。

こう思い、1999年の北海道文教大学開学後、2003年4月に「人間科学部」に健康栄養学科をつくった。さらに、理学療法学科（2006年4月）、つづいて作業療法学科（2007年4月）、看護学科（2008年4月）、こども発達学科（2010年4月）を増設した。

ここでテクニックをひとつ。

理学療法学科を増設したときは、「認可」だった。いったん、この認可が下りると、**作業療法学科と看護学科は「届出」**ですむ。煩雑な手続にかかる労力を考えての〝時間差増設〟だ。

しかも医学系の学科は、設備に多額のお金がかかる。1年ごとに設置することで、費用負担も軽減できた。

1989年7月に大東文化大学の理事長に就任した直後、東松山キャンパスの校舎建設や開発造成工事やらの費用がふくれあがっていて、たいへんな思いを味わった。そのときの教訓が、ここで生きた。

主な認可・届出事項（私立大学）

事項	認可/届出	関係書類の提出時期	担当窓口
大学の新設	認可	開設年度の前々年度の10月31日まで	文科省大学設置室
大学の廃止	認可	在学生がいなくなることが確定したとき	大学設置室
大学院の新設	認可	開設年度の前々年度の10月31日まで	大学設置室
大学院の廃止	認可	在学生がいなくなることが確定したとき	大学設置室
学部の設置	認可	開設年度の前々年度の3月31日まで	大学設置室
学部の設置（当該大学が授与する学位の種類及び分野の変更を伴わないもの）	届出	開設年度の前年度の12月31日まで	大学設置室
学部の廃止	届出	在学生がいなくなることが確定したとき	大学設置室
学科（課程）の設置	認可	開設年度の前々年度の3月31日まで	大学設置室
学科（課程）の設置（当該大学が授与する学位の種類及び分野の変更を伴わないもの）	届出	開設年度の前年度の12月31日まで	大学設置室
学科（課程）の廃止	届出	在学生がいなくなることが確定したとき	大学設置室
名称の変更	届出	学則変更年度の前年度の12月31日まで	大学設置室

さて、その文系の大東文化大学の理事長経験のほかに、私は現在も、鎌倉女子大学、滋賀学園、杏林学園で理事を務めているが、北海道文教大学の場合は、開設当時の外国語学部だけでは存続できなかったと思う。

なぜなら、北海道では「一生、食いっぱぐれないよう、手に職をつける」という考え方が根強く、「専門職大学」的な高等教育を求める傾向がある。

その理由はさておき、地方の小規模大学は、地域の志願者の割合が高い。つまり、**大学の生き残りを検討するときは、地域性を考慮する**必要がある。

ただし、その際は、国立社会保障・人口問題研究所による「日本の地域別将来推計人口」などを参考にして、**将来ニーズの予測**も立てたい。

専門職

小規模大学は、国家資格が取得できる学科を

「働き方改革」で残業が減り、副業で残業代の不足を補おうと、空いた時間をファイナンシャル・プランナーや社会保険労務士の講座に通う人が増えているそうだ。大学の社会人入学者も増えてほしいものだ。

資格は、「国家資格」「公的資格」「民間資格」などに大別されるが、4年制大学、とりわけ地方の小規模大学は、国家資格の取得を念頭に置いた学科をおいたほうが志願者を集めやすい、というのが持論だ。

公的資格や民間資格のなかにも、就職が有利になる実用的な資格もある。しかし、実力の高さを証明するという点でも、「食いっぱぐれない」という点でも、**国家資格に勝る資格はない**。

医療系や工学系はもとより、文系でも国内旅行業務取扱管理者、ＩＴパスポート、宅地建物取引士などいろいろある。

ただ、こうした資格の取得のために、大学でどのようなバックアップをおこなっているのかは、学科名からはわかりにくい。**公式サイトやパンフレットには目立つように表記**。キャリア教育センターの支援内容を、より具体的に見せたほうが効果的だろう。

医師、薬剤師、公務員（国家総合職・外務専門職）、弁護士、公認会計士など難易度の高い国家資格を狙《ねら》う受験生は、最初に目的ありきだから、志願者は大学選択に際して、偏差値や教育体制、設備などに注目する。

これに対して、「大学ぐらいは出ておこう」と、目的意識があいまいな受験生は、自分が将来何をしたいのかも見えていない。高校の進学指導の先生や友だちにも相談するだろうが、志望校の選択では、親のアドバイスが圧倒的な力をもって影響する。

せっかく大学に進学するのだから、わが子には就職に有利な資格のひとつやふたつは、とらせたいと考えるのが親心というものだ。

親心をくすぐる。これも、大学生き残りの心得だ。

人材育成

グローバルコミュニケーションの達人を育てる

数カ国語を話されるという雅子皇后。2019年5月に来日した米国のトランプ大統領夫妻にはじまり、各国トップの来日で、通訳を介さずに談笑する様子が報じられ、世間の注目を集めた。

雅子皇后は、メラニア夫人と別れ際に頬と頬をすり合わせるチークキスも交わされた。これは、親しみを込めたヨーロッパ流のあいさつ。短時間の交流でチークキスを交わすほど親交を深められたのも、英語力があってこそ。

御代《みよ》替わりで表舞台に立った雅子皇后が、たちまち多くの国民を魅了したのも、高度なコミュニケーション能力をもち、国際人として堂々と、そして優美に振る舞う姿に、みな、憧憬《どうけい》の念を抱くからだろう。

日本人は何年も英語を学習していながら、英語は苦手という人が多い。

私が理事を務める滋賀学園は、中高一貫教育をおこなう「滋賀学園中学・高等学校」

「びわこ学院大学短期大学部」「びわこ学院大学」を運営している。

このうち高等学校では留学制度を導入。英語が達者になって帰ってくる留学経験者は、同志社大学や立命館大学など偏差値の高い大学に進学している。

甲子園の出場回数も多く、進学率の高さと高校野球がＰＲ効果となり、高等学校は志願者がとても多い。

文科省が発表した「世界の母語人口」によると、多い順に、中国語、英語、スペイン語、ヒンディー語とつづく。しかし、ご承知のとおり、グローバルスタンダードな言語は英語である。

昭和女子大学の敷地内には、州立テンプル大学日本校・テンプル大学ＪＡＰＡＮキャンパス（ＴＵＪ）が移転。昭和女子大学の学生もＴＵＪの科目を履修できる「科目履修生」制度をとっている。参考にしたいところだ。

語学力に優れた天皇皇后両陛下の国際親善が話題になれば、若い世代にもよい刺激になるはずだ。「**グローバルコミュニケーションの達人を育てる大学**」を**アピール**するのも生き残り策のひとつだろう。

サポート力

学生と親の満足度は志願者数増の指標——合格率と就職率

国家試験の合格率と就職率は、大学にとって志願者増につながるもっとも効果的な広告塔だ。

親はわが子のために何百万円も投じる。本人も勉強してきた。それなのに合格しなかった。不合格の理由はさまざまあれども、「教え方が悪いからだ」と思えば、気は楽だ……。

ここで、あえて恥をさらそう。

北海道文教大学人間科学部健康栄養学科は、管理栄養士免許取得が最終目標だ。ところが、数年前まで国家試験合格率が70～80%台と低く、私はこれに頭を抱えていた。

そんな矢先に、都内のある大学を退任したA先生と知り合った。

A先生がいた大学は、管理栄養士国家試験の合格率が高い。すぐに、北海道文教大学に招聘《しょうへい》した。

そして、何が起きたか？

なんと、翌年から合格率が急激に高くなり、道内でナンバーワンになったのである。

A先生は、学生たちに**学習効果を上げるノート**のとり方を教えた。

企業秘密ということで、その詳細は割愛させていただくが、学生たちは、手作りノートを活用して受験勉強に励んだ。その結果、道内1位の合格率に躍り出た（新卒）。

2019年の合格率も、全国平均95・5％に対して、95・4％で道内1位。受験者108名中103名が合格した。

ちなみに、看護師は全国平均89・3％（大卒）に対して93・6％。理学療法士は全国平均85・8％に対して100％。作業療法士は全国平均71・3％に対して88・1％。

合格率を100％にするために、合格確実という学生しか受験させない大学もある。

しかし、北海道文教大学は卒業予定者全員が受験して、この数字を出した。

さて、合格率が高くても就職できなければ、学生や親は、大学への不信感を募らせる。とくにいまは、人手不足で売り手市場といわれているから、就職活動が以前より楽になったと誤解されがちだが、大手企業や官公庁などは相変わらず狭き門だ。医療機関にしても、条件のよい医療機関には新卒者の応募も殺到し、第一志望がかなうとはかぎらない。

就職にかぎらず、人は、自分の思いどおりにならなかったとき、納得のいく理由を探すものだ。

うやむやにしてしまうと、ストレスがたまる。こういった学生や親の心情を思いやり、親身になって向き合えば、学生の不安も多少は解消され、気持ちを切り替えるきっかけをつかめるだろう。

たとえば、購入したパソコンの調子が悪かったり、操作がうまくできなかったりして、コールセンターに電話をかけたとき、電話口の相手が、マニュアルどおりの対応で、紋切り型の口調だと腹が立つ。

就職サポートも、こうしたクレーム対応と同じで、学生に寄り添い、親身になることが重要だ。

環境整備と志願者増

大学のトイレにも費用対効果あり

東京農業大学の世田谷キャンパスが、この数年ですっかり様変わりした。コの字形に並んでいた3～4階建ての校舎が順次解体され、その跡地に洒落《しゃれ》た意匠の新校舎が建った。昔を知る生え抜きの先生たち、とりわけ女性は、トイレがきれいになって喜んでいるという。

私が鶴岡学園の理事になった当時、北海道文教大学の前身だった北海道栄養短期大学には、木造モルタル塗りの古い校舎が残っていた。廊下を歩くとプ～ンと臭《にお》う。くみ取り式の便所だった。

しかし、時代は変わった。全国の下水道普及率は78・8％（2018年3月31日現在）。普及率がもっとも低い徳島が18・1％に対して、もっとも高い東京は99・5％。90％台はほかに神奈川、大阪、京都、兵庫、北海道。下水道整備は意外に遅れているが、私の知るかぎり、大学のトイレはどこも水洗だ。

大学の校舎や設備は、新しいにこしたことはない。

志願者から見れば、大学はいくらでもある。「大学に進学すれば、将来、何とかなる」と考え、進学目的があいまいな高校生が多いなか、校舎や設備、清掃が行き届いているかどうかは、重要な選択ポイントになる。

とくに女子は、トイレをよくチェックしている。

北海道文教大学でも、「食物を扱う学校で、トイレの入口にドアがあるのは不衛生」と、女子学生から意見が出て、改修工事をおこなった。さすがに百貨店のようなパウダールームはないが、女子トイレには姿見も用意した。

意外なことに、トイレをすべて洋式にしようと計画したところ、和式も用意すべきという意見もあった。これも学生から上がった声だ。

そのうち、オート機能トイレの要望が出てくるかもしれない。しかし、女子の進学率が高くなったいま、トイレはないがしろにすべきではない。

トイレはよりきれいに、より豪華に。学生のあいだで評判になれば、マスコミも駆けつけるかもしれない。トイレにも費用対効果が期待できるのである。

知的環境

ニーズに応じた図書館で、学生の満足度を高める

日本図書館協会によると、2018年の全国の国公私立大学（4年制）の図書館数は1427館ある。蔵書数は3億2569万7000冊。図書館費（図書形態の資料購入費）が981億2576万円と、目も眩《くら》む数字だ。

最近は、大学図書館も趣向を凝らしたところが増えた。たとえば、秋田市にある国際教養大学の中嶋記念図書館。ここは、秋田杉を使った木造建築で、村野藤吾賞、グッドデザイン賞などを受賞し、建築物としても注目を集めている。

いっぽう、北海道文教大学の図書館は、地味に鉄筋コンクリート3階建て。2、3階には研究室を置き、1階に図書館を配置した。

建物は地味でも、図書館には従来型の閲覧室のほか、カウンター席の「静かコーナー」、AVコーナー、インターネット・CD-ROMコーナー、グループワークルームなどを用意した。

このグループワークルームは、会議室のように机を向かい合わせに配置し、学生たちはパソコンを持ち込み、レポート作成などに利用している。ガラス張りの壁で仕切ってあるので、周囲を気にせずディスカッションもできる。

図書館は、黙々と読書や自習に打ち込むだけの空間ではない。教室・実習室の外にある、もうひとつの学びの場としてとらえ、学生のニーズに応じた空間を設けることで、その機能は多面的に広がっていく。

たとえば、グループワークルームのようなスペースでは、学生たちは、ああでもない、こうでもないと議論しながら実習用の資料などを作成し、やる気満々といった感じだ。

図書館は、図書を通じた一方通行の情報収集の場から、**図書を活用しながら学生が相互に情報交換をおこない、情報を熟成させる場**に進化した。

365日、24時間開放している国際教養大学の図書館のようなわけにはいかないが、北海道文教大学では週末や長期休暇中も開館。「休日も大学の図書館で過ごしたい」と思われる図書館のあり方を今後も模索していきたい。

健康対策

安い・おいしい・過ごしやすい〝学食効果〟

朝食を抜く学生が多いという。若いうちは1食くらい抜いても、持ち前のパワーで気にもならない。私にもおぼえがある。

ところが、朝食を抜くと太りやすいという研究結果がある。太ると、年頃の女子学生はダイエットに走る。そして、今度はタンパク質不足からくる栄養失調や、鉄不足から生じるめまいや立ちくらみなど、いわゆる貧血に悩まされる。鉄不足がつづくと、パニック障害やうつ病など心の病も引きおこすと、ある精神科医の本で読んだ。

さらに、朝食抜きの食生活は、前夜から翌日の昼食まで絶食時間が長いため、昼食後の血糖値の上がり方が急激で、血管を傷める原因になる。その状態が長くつづけば、やがて動脈硬化や糖尿病などの生活習慣病に進んでしまう。

たかが朝食、されど朝食なのである。

100円朝食のメニューの一例

北海道文教大学では、学生の健康対策として、学生食堂で「１００円朝食」を提供してきた。本来の料金３００円のうち、２００円を大学の後援会が負担。年間１００日ほど実施している。

　日替わりのメニューは、エビフライ＋マカロニサラダ、サバみそ煮＋野菜の煮浸しなどにごはんとみそ汁が付く。けっこうなボリュームだが、学生はペロリと平らげる。

　大学キャンパス内の食堂が話題になった時期があった。

　本郷の東大キャンパスには、日比

谷松本楼や椿山荘《ちんざんそう》カメリアなど一流のレストランが出店している。靖国神社の近くにある二松學舍大学九段キャンパスの学生食堂は、展望レストランになっており、花見シーズンには千鳥ヶ淵や皇居の桜を見下ろそうと、一般客が詰めかける。マスコミの取材も殺到し、お金をかけずに大学名がＰＲされる。

一般開放すれば客も集まり、採算も合う。

都心の大学だからできることだといってしまうと〝学食効果〟も霞《かす》む。安価で栄養バランスがとれ、味もよく、過ごしやすい空間なら、高級レストランでなくても学生に喜ばれ、評判が拡散する。

学生の健康対策と大学のＰＲ。学食にはおいしさが詰まっている。

ブランド力

志願者増、大学ブランド品もスポーツも一過性

「近大マグロ」のPR効果で、近畿大学は一時期、志願者数が激増した。

このマグロは、近大が長年研究をつづけた完全養殖マグロを自分のところで生産したものだ。それを東京・日本橋の三越百貨店で販売したところ、マスコミが注目。大学の知名度を一気に押し上げた。

私が大東文化大学で理事長を務めていた頃、箱根駅伝で2連覇を達成した。正月早々から何時間も選手と大学名入りのたすきがテレビで映し出される。当然、大学の名前は知れわたる。一時期、学生数は1万7000人にまで増えた。

最近では、箱根駅伝で5連覇を達成した青山学院大学の例がある。ところが、意外にも、志願者数は微増にとどまった。

大学ブランド品にもスポーツにも、知名度を上げ、イメージアップ効果を期待できる。ありがたいことに、宣伝費がかからない。そう考えると、大学のブランド化には

たいへん役立つ。

これが志願者激増にもつながるのなら、地元の企業などと連携して大学ブランド品を次々と開発し、スポーツにも力を入れたいところだ。

だが、大学ブランド品は連携する企業の生産力が影響する。連携先が零細企業だと量産できず、百貨店から声がかかっても応じられない。

北海道の人気土産「きのとや」のクッキー、「札幌農學校」も北海道大学との連携商品だが、志願者が激増したという話は聞こえてこない。人気の大学ブランド菓子でもそんな調子なのである。

箱根駅伝、ラグビー、野球、アメリカンフットボールなど人気のスポーツにしても、好成績を維持していくのはむずかしい。

大東文化大学の理事長時代、箱根駅伝で2度も優勝したので、学生たちを応援するつもりで部室を新しく建て替えたところ、とたんに成績が落ちた。環境がよすぎて、ハングリー精神が失せてしまったのかもしれない。

大学スポーツを、収益の上がるプロフィットセンターとして位置づけようという議論もあるが、日大アメフト部の反則タックル問題のようなことがおきてしまうと、大学への信頼は地に落ちる。

そもそも実習の多い学科を抱えている大学では、学生がスポーツに割く時間がない。卒業後、プロ入りの保証があるのなら、大学として応援する意義はあるだろう。しかし、そんな保証もないのに、広告塔目的で学生を利用するようなことがあってはならない。学生の人生をねじ曲げてしまいかねないからだ。

十数年前に、ある有名大学がレトルトカレーの販売に踏みきったとき、「話題性のあることを仕掛けると、高校生が公式サイトを訪問してくれる。大学に関心をもってもらうためにブランド食品をつくった」と、総長が語ったという。しかし、一旦《いったん》サイトを離れた高校生が、その後、くり返し訪問してくれるかはわからない。

何かサイトの訪問回数を増やす仕掛けができればよいのだろうが、現状でできそうなことは、ＳＮＳのリンクを貼《は》りつけることぐらいだ。

6月に開催される体育祭の様子

つまり、スポーツや大学ブランド品の志願者増効果は、一過性と思ったほうが賢明かもしれない。

手間ひまかけてつくられたものは、クチコミで評判が広がり、高くても売れる。それと同じで、中身の充実こそがブランディングの早道だろう。

宣伝効果

広告で大学名をPR

北海道文教大学では札幌市内の電車や地下鉄に広告を出し、テレビでもCMを流してきた。

北海道栄養短期大学からの改組転換にともない大学名を改称したことで、明らかに知名度が低下した。「栄短」の通称は今も覚えている人は多いが、北海道文教大学と結びつかない。それが受験生の保護者世代なので、わが子が管理栄養士や看護師をめざすとなると、古くからある〝同業他校〟の名前をまずあげる。

栄養士養成では北海道初、日本で6番目に開校したというのに、大学名の改称で、その功績もいつしか薄れてしまった。それを挽回《ばんかい》するために、できる限りの宣伝活動をおこなってきたが、ひとつだけ実現できないことがあった。JR恵庭駅の駅名を「北海道文教大学前」にかえてもらうことだ。

「玉川学園前」、「駒場東大前」、「中央大学・明星《めいせい》大学」など、学校名が駅名になっている駅は首都圏だけでも10カ所以上ある。恵庭にキャンパスを移転した当時から、私はJR北海道に駅名変更のお願いをくり返した。しかし、旧国有鉄道だからなのか、JR北海道から色よい返事はもらえなかった。

やはり無理か……。せめて、恵庭駅の名称の下に「北海道文教大学前」と載せてもらえたらなあ……。

あきらめかけていた2019年初夏、思いがけず朗報が届いた。

「理事長、当然、タダというわけにはいきませんが、載せてもらえることになりました！」

渡部学長が交渉を引き継いでくれたのだ。そして6月、ついに夢がかなった。

じつは、この2カ月前に恵庭駅上り列車のホームに、鶴岡トシ先生の顔写真と大学名を入れた看板を出した。それがきっかけで、JR北海道との交渉が一気に進んだ。

為《な》せば成る、為さねばならぬ何事も。

JR千歳線をご利用の際は、恵庭駅ホームで「北海道文教大学前」の看板をぜひ、ご覧いただきたい。

2019年4月、JR恵庭駅上りホームに看板を出した

2019年6月、念願がかなう「北海道文教大学前」とサブ駅名が入った

CSR活動

包括連携はサービス・ラーニングに生かす

北海道文教大学人間科学部こども発達学科には、「文教ペンギンルーム」の呼び名で知られる「子育て教育地域支援センター」が置かれている。ここは、教員、学生、地域の乳幼児とその保護者の交流の場。週1回のオープン日には、子どもたちのはしゃぎ声でにぎやかになる。

北海道文教大学では、CSR（企業の社会的責任）活動として地元の恵庭市との包括連携に関する協定を締結している。

地域防災や災害発生時の相互協力、人的・知的・物的資源の相互活用・交流連携など事業内容を掲げるなかで、これまでもっとも力を入れてきたのが、大学の得意分野でもある子育て・高齢者支援、健康・食育指導などだ。

「文教ペンギンルーム」には、子育て支援・教育臨床活動の専門家を中心に、こども発達学科はもとより人間科学部の全教員、こども発達学科の学生が参加。そして、ブロック遊びや絵本の読み聞かせなど親子参加型のプログラムを実践したり、子育て相談に応じたりするなど、子育てに不安をもつお母さんたちをサポートしてきた。保育士、幼稚園教諭、小学校教諭、特別支援学校教諭をめざす学生たちには、経験を積むよい機会となっている。

いっぽう、健康栄養学科による食育教室は、２０１９年で16年目を迎える。学生サークルが率先し、恵庭市学校給食センターと共同主催するなど、幼児から小中学生を対象に、地元の食材を使った料理教室を開催してきた。

さらに、「えにわ大好き！食の体験ランド」の名称で、恵庭市教育委員会や農業青年団体と共催して野菜収穫体験や調理実習などを実施。地域との交流を深めている。

教職員や専門家の招聘による講演会やシンポジウムも頻繁に開催し、先頃も全日本司厨士《しちゅうし》協会総本部副会長の熊谷喜八氏を招聘し、特別講座を開いた。

また、安全保障問題の専門家でもある在日米陸軍・海外地域担当士官、マーカス・モーガン氏を特別講師に迎え、『安全な未来に向けて　日米同盟の役割』のタイトルで、公的な立場ではなく個人として、国際言語学科による講演を引き受けていただいた。

このように、さまざまな角度から地域貢献活動に取り組んできたが、じつはまだ実行できていない課題がある。

２０１６年に建てた鶴岡記念講堂には、地元の高齢者向け健康体操教室を開く目的で、電動式移動観覧席を設置した。可動式の壁の裏面には鏡をとりつけ、壁をひっくり返すと、たちまちダンス教室のように鏡張りの壁に早変わりする。自分の姿を見ながら運動したほうが楽しかろうと考えたのだ。

高齢者は転倒骨折によるケガが多い。手術後の急性期をすぎると、患者さんはリハビリ病棟に移り、毎日、リハビリテーションを受ける。

そこで活躍するのが理学療法士や作業療法士だ。北海道文教大学には理学療法学科と作業療法学科があるので、健康体操教室を開けば、学生の実習の場にもなる。

ところが、教職員はすでに日常業務で手がいっぱい。健康体操教室のために新たに人を雇うというわけにもいかず、健康体操教室のアクションプランは、記念講堂の完成後、白紙のまま2年が過ぎた。

しかし、せっかく器を用意したのだから、幻で終わらせたくない。そこで、

2019年3月、手始めに恵庭市とのあいだで地域包括ケアシステムの共同研究に関する覚書を締結した。

恵庭市では、筋力アップを目的として市内三十数カ所で「いきいき100歳体操」をおこなってきたが、その効果については検証されていなかった。今回の共同研究は、参加者データやアンケート調査をもとに分析。統計的な裏付けをとったうえで、各学科の担当教員と学生とで知恵をしぼり、恵庭市民の健康増進と地域の発展に貢献しようというものだ。


北海道文教大学ではもうひとつ、ユニークな地域貢献をおこなっていた。

キャンパスの一角に全9ホールのパークゴルフ場を設け、ここを一般市民にも開放。キャンパス内に建物が増えたため、いまはもうないが、パークゴルフには介護予防にも役立つといわれ、シニア世代に好評だった。

大阪府内のある公立大学では、獣医学科の先生が研究のために、キャンパスの一角でダチョウを飼育していた時期があった。飼育小屋の前には、毎朝、近所の保育園児たちが散歩の途中で立ち寄ったという。

東大の本郷キャンパスも紅葉シーズンにはいちょう並木を見ようと、世界中の観光客が押し寄せる。

広々としたキャンパスに、ひとつでも目玉となるものがあれば人が集まり、そこからクチコミで大学名が拡散していく。地域貢献を意識したキャンパスの環境整備も、受験志願者増に欠かせない。

ところで、東京農大世田谷キャンパスは、戦後、青山から現在の地に移転した。最寄りの小田急線経堂駅まで徒歩約15分。経堂駅から大学へとつづく道は、途中まで「農大通り商店街」があり、学祭の開催期間中は、商店街もお祭りムード一色になる。

大学側も学祭に訪れた一般の人たちに大根を配るなど、ユニークな取り組みで、地域とのかかわりを深めてきた。

「経堂といえば東京農大」「高田馬場といえば早稲田大学」「本郷といえば東京大学」と、誰もが連想できる大学に成長するには、大学がもつ知的・人的パワーをフル活用して地域貢献するのがよいだろう。

授業

能力向上に役立つディスカッションを、もっと授業に

黒板を背に、教員がテキストを見ながら延々とレクチャーする。やがて教員の声が子守歌に聞こえてきて舟を漕《こ》ぐ……。

日本の大学の授業は100年前と全然変わっていない。違うのはOHPやパワーポイントなどの視聴覚機器が導入されているぐらいだ。アクティブ・ラーニングに効果的といわれるタブレット、スマホ、ノートパソコンですら導入している教員は多くない。

講義中、声のトーンも同じなら、学生たちの気を引くようなジェスチャーもない。そんな教員を見かけるとがっかりさせられる。

じっさい、インターネットの書き込みには、テキストを棒読みする教員の講義に対する不平が載っていた。いわゆるクチコミ評価だから、高校生などの志願者の目に触れる。

大学教員は、幼稚園から高校までの教員と違い、教え方のトレーニングを受けていない。しかも、むずかしい言葉を並べ立てる。

専門用語も必要だろう。しかし、誰にでもわかる言葉で授業を進めていかなければ、学生は嫌気がさして、そのうち勉強しなくなる。

甘ったれるな！　と学生を非難する前に、「テキスト棒読み」の指摘を真摯《しんし》に受け止めるべきだろう。

ところで、2018年11月に開かれた中央教育審議会の総会で、「2040年に向けた高等教育のグランドデザイン（答申）」が取りまとめられた。その用語解説で、答申はアクティブ・ラーニングについて次のように紹介している。

大学等におけるアクティブ・ラーニングとは、一方向性による知識伝達型の学習方法ではなく、学修者の能動的な学修への参加を取り入れた教授・学習法の総称。学修者が能動的に学修することによって、認知的、倫理的、社会的能力、教養、知識、経験を含めた汎用的《はんようてき》能力の育成を図る。発見学習、問題解決学習、体験学習、調査学習等が含まれるが、教室内でのグループ・ディスカッション、ディベート、グループ・ワーク等も有効なアクティブ・ラーニングの方法である。

昔から日本の学生は、大学生になったとたん、勉強をしなくなるといわれてきた。教員も准教授から教授に昇格したとたん、燃え尽きてしまうのか論文が減る人がいる。学生が勉強をしないのは、退屈な講義が原因なのかどうかわからないが、アメリカの大学のように、大学院生が補助するＴＡ（Teaching Assistant）によるレシテーション、ディスカッション方式のセミナーなどを取り入れ、学生の意欲向上に努めるべきだ。

なお、広辞苑によると、学習の意味は、「まなびならうこと」、学修は、「学問をまなびおさめること」とある。すでに学修済みの教員は、授業方法を学習してはいかがだろう。

No.

Date

第6章

教職員人材カルテ

宝の石は磨くほどに耀《かがや》きを増す。
教職員も磨けば光る大学の財産だ、
原石のまま眠らせておくのは惜しい。
皆が切磋琢磨《せっさたくま》してプロの仕事を競い合えば、
職場はもっと活気づき
人生も、大学も、豊かに彩られるだろう。

経験力の活用

定年後の再雇用、同じ業務の継続でモチベーションアップ

厚生労働省の「就労条件総合調査」（平成29年度）によると、定年制を導入している企業は95・5％、このうち再雇用制度があるのは72・2％。しかし、多くは閑職にまわされてしまうという。

窓際に追われるくらいなら、キッパリ離れたいという気持ちになるのではないだろうか。

えり好みをしなければ、就職口はいくらでもある。

じっさい、シルバー人材センターの加入会員数は2002年以降、男女あわせて71万人で推移。総務省労働力調査によると、労働力人口に占める65歳以上の割合も2012年に7・3％から2016年には11・8％に上昇している。

退職金や年金だけでは、隠居生活はおぼつかない。何より、ボケる。とくに仕事一筋ですごしてきた人はアブナイ。かくいう私もその部類だが、幸いにも鶴岡学園で仕

事をつづけられた。

だからというわけではないが、鶴岡学園では再雇用後も同じ業務をつづけ、肩書も変わらない。

定年年齢は、職員60歳、教員65歳。70歳をすぎた教職員が何人もいる。ただし、再雇用の退職時には退職金はナシ。給料の額は理事長が決める。

60歳で定年を迎えたある職員は、再雇用後は給料が下がると覚悟していたようだった。しかし、この人は有能でよく働く。そこで、これまでと同額にしたところ、ますます力を発揮している。

プロとしての対価を正当に評価されたと受け止め、モチベーションが上がったのだろう。

70歳をすぎた、ある大学の元教授を迎えたときは、管理栄養士の合格率が一気に上がり、北海道で一番に躍り出た。

体力の衰えが業務にそれほど影響しない大学の教職員なら、長年培ったノウハウを活かしてもらえるように待遇したほうが、大学側のメリットも大きい。

老眼なら、何とかいうルーペもある。足腰に自信がなくなってきたら杖《つえ》もあるし、歩きやすい靴もある。

資金力が限られている小規模な私学では、経験豊かな教職員を定年という制度で失うのはもったいない。

教職員対応

ダメな教職員には叱責《しっせき》ではなく話し合いを

指示どおりのことができない、機転がきかない。何をするにもマイペース等々、管理職をイラつかせる部下は、どの職場にも1人や2人は必ずいる。

優秀な教職員がほしい。

管理職なら誰でもこう思うはずだ。そして、私も。

大学のレベルは、教員の影響を受けやすい。やる気のある先生がいれば、学生のモチベーションも上がり、成績だけでなく、人格形成にもプラス効果となって表れる。

ところが、優秀な教員は大学の外の仕事が多い。

北海道文教大学の学長時代にこんな経験をした。

先生方には、学生の相談事にはいつでも対応できるようにと、研究室にいる時間を増やすようお願いした。だが、授業がない日は夕方にちょこっと顔を出し、すぐに姿をくらましてしまう教員がいた。就業規則違反ではないが、学生を最優先に考えると

にしようものなら、「きみは給料泥棒か！」「ふざけるな！」などと、うっかり口にしようものなら、「精神的な攻撃」を受けたとして、パワーハラスメントで裁判沙汰《ざた》に発展する。もっとも、怒鳴ったところで、行動パターンはそう簡単に変えられないのだが。

では、どうすべきか？

本人とじっくり話をして、こちらが出した指示を理解・納得してもらう。

一度で聞く耳をもってくれると思ってはいけない。相手は頑固だ。

したがって、根気よく話し合いの場をもつ。むろん、上から目線ではなく友好的に。

イギリスにこんなことわざがある。

You can take a horse to the water, but you can not make him drink.

（馬を水辺に連れて行くことはできても、水を飲ませることはできない）

無理強いするのではなく、目的を示唆することで、相手の行動にも変化が表れるはずだ。急がば回れ、である。

2017年6月に、鶴岡学園創立75周年記念式典をおこなった

理想像

学生の面倒見のよい教員は大学の宝

理系の某大学に、学生が殺到して、満員御礼の札を出した人気ゼミがあった。世間で話題の研究分野だったが、人気を決定づけたのは教授の人柄だった。

その教授、じつに面倒見がよいのだ。

人が集まるところにはせっせと顔を出して就職口の確保に努める。

だから、学生たちは就職先に困らない。

相談事にも耳を傾け、けっして学生たちを邪険にしない。その教授は、ついに、学長になった。

かたや、その教授の後輩に、これもまた生え抜きの教授がいた。

非常に優秀で、面倒見もまあまあ悪くはない。

ところが、その教授は思いやりに欠けていた。悩み事を抱える学生の心情をおもんばかることもせず、デリカシーのない言葉を平然と口にする。

学生間の情報は速い。ゼミ生の数は右肩下がり。ついには、ほかに行き場のない学生が、卒業論文のためだけに集まるようになった。

コメンテーターとしてテレビにも出ている某大学教授。じつは、世間に顔を知られる前から学生たちのあいだで人気があった。この教授の講義を受けたいと、入学してきた学生もいたほどだ。

「授業がわかりやすく、奥も深い。誇りです」と学生たち。教員冥利《みょうり》に尽きる。

カリスマ講師がいる進学塾には、受験生が集まる。

カリスマ講師を定義すれば、教え方がうまい、受験生のモチベーションを上げる、大学合格率が高い、ということになるだろう。

同様に大学も、**面倒見のよい教員のもとには学生が集まり、競争心から勉学にも励む。**

優秀な学生を多数輩出すれば、教員の評価も上がる。

「面倒見がよい」というのは、たんに世話好きというのではない。

就職先の斡旋《あっせん》も、思いやりも、わかりやすい授業も、学生たちのことを思えばこそ。

その陰には、日頃の努力と見識の高さがある。

動物好きの人をすぐに見抜く犬のように、世間ズレしていない若い学生たちの嗅覚《きゅうかく》は鋭い。

もし、学生が寄りつかないようなら、自分を省みるべきだろう。

管理職の心得

リーダーシップに優柔不断は禁物

北海道文教大学の新設に向けて用地を探していた頃、私は鶴岡学園の理事の1人にすぎなかった。

しかし、当時の理事長をはじめ、理事会の了承のもと、用地買収については、ほぼ独断で進めていた。というのも、理事会には不動産取引や大学の改組・新設などのノウハウをもつ理事が、私を除いていなかったのである。

その後、理事長に就任し、つづいて北海道文教大学の学長にも就いた。

私は法律で認められているトップの権限を100%生かし、産声を上げた大学の〝子育て〟と、廃止を決めていた短期大学の〝店じまい〟に専念した。

経常収支差額がマイナスだったなかでの新設と廃止だ。入学定員を満たすことができるだろうか、校舎の建設は間に合うだろうか等々、山ほどの課題があるなかで、ひとつでも問題が生じると、将棋倒しになりかねない。慎重に事を運ばなければならず、すべての事案は理事会ではかった。あるいは教授会で議論した。そして、どの事案も、綿密な調査と検討を重ね、会議の席でどんな質問が出ても答えられるように準備した。

理事長、学長、学部長、学科長、事務局長、教務課部長、総務課長……。職務と権限に違いはあっても、肩書に「長」がつくと、その下には指示を待つ部下がいる。

「知識がない」「経験がない」「自信がない」「やる気がない」「ない」の数が多いほど、的確な指示が出せなくなり、あいまいな態度でその場をやり過ごすようになる。

優柔不断な態度は、周囲を混乱させ、仕事の成果も出ない。

「長」たる者は、イエスとノーの意思表示を明確にして、強いリーダーシップを発揮する。

優秀な部下がいるなら、このカリスマ型ではなく、部下たちが能力を発揮できるようにマネージメント型でもよかろう。

腹が減っては戦ができぬ。

ストレスがつづくときは、極上のうまいものでパワーチャージすることも、リーダーの大事な仕事だ。

王佐《おうさ》の才

金勘定の苦手なトップには、実務経験豊富な番頭を右腕に

かつて鶴岡学園が経営危機におちいったのは、理事長、理事会、学長が教育畑の人たちで、番頭がいないことが原因だった。

学納金が経営の基盤ということは理解していたが、経営分析、経営計画、経営戦略といった健全経営のノウハウをもたないまま、教育に全力を傾けていた。

そのいっぽうで、借金はふくらむばかり。私は、そんな時期に番頭役として迎えられたのである。

一般に学長や理事長は、准教授、教授、学科長、学部長、副学長というステップを踏んで選出される。

この間に、経営スキルを身につけることができれば問題はない。しかし、金勘定の苦手な人が就いてしまうと、理想が先行して経営はガタガタになる。経済音痴の政党が政権を握るようなものである。

たとえば、新校舎の建設を計画したとしよう。

その費用は、大学が別な場所に所有している土地Aの売却で用意する。と、このくらいのことは誰でも考えられる。問題はこの先だ。

売却を検討したとき、土地Aには10億円の価値があった。

ところが、その後、国際情勢が変わり、株価が下落した。

株価と不動産価格にはタイムラグがある。しばらくすると、土地Aの価格が一気に下がった。

すでに新キャンパスは建設中。土地Aの売却益だけでは、費用が捻出《ねんしゅつ》できない。そして借金が残った。

金勘定が苦手な人は、得てして経済に疎《うと》く、国際情勢や金融情勢にも関心が低い。

世界経済を他人事《ひとごと》のようにとらえていると、予測可能な危機を見過ごしてしまう。

しかし、こうしたどんぶり勘定のトップは少なくないのだ。

もしも、**トップが金勘定の苦手な人物なら、実務に長《た》け、堂々と意見する番頭を置く**。これでもう鬼に金棒だ。

理事会はイエスマンになってはいけない。

もし、イエスマンにならざるを得ない状況なら、あとは入学定員を増やし、志願者増に努めるのみだ。

注意喚起

ルーズは身の破滅、〝片づけ力〟でトラブルを防ぐ

頭脳明晰《めいせき》にして学生思い。海外の大学で学んだ経験から、講義中も学生の興味をそらさない。学生のためなら徹夜をしてでも資料をつくり、研究室にこもる学生たちを引き連れて、近所の食堂に夜ごと足を運ぶ。

熱血漢のその教授、しかし、あるとき突然倒れてしまった。長年の無茶がたたり、体が悲鳴を上げたのだ。

入院を余儀なくされて、講義はしばし休講。すでに埋まっていた講演会の数々もキャンセル。「体力には自信があった」と、ぼやいたところで、加齢とともにガタつきはじめた体力は、そう簡単に戻らない。

なんとか復職したものの、授業がきつくてたまらない。

活気にあふれていた研究室も准教授のがんばりに委《ゆだ》ね、教授は、足の踏み場もないほど書籍と資料で埋まった自室で過ごす時間が増えた。

そんな矢先、再び悪夢が教授を襲った。

研究費の私的流用を疑われてしまったのだ。領収書の整理をしていなかったために、提出書類に不備があった。もともとがルーズゆえ、提出書類が穴だらけだったことにも気づいていなかった。

公的な金の運営・管理はどんなに多忙でも、手抜きをしてはならない。

整理整頓《せいとん》が苦手なら、近藤麻理恵（通称・こんまり）さんの本を読み、研究すべきだ。この方は、2015年にタイム誌「世界でもっとも影響力のある100人」に選出された。**「片づけ力」には無用なトラブルを防ぐ効果がある。**

前出の教授が体調をくずしたのも、ルーズなのがいけなかった。

徹夜をする、夜食をとる、仮眠する、寝坊をして授業にも遅れる。教授はこのパターンをくり返し、自己管理がまるでなっていなかったのだ。

百日の説法屁《へ》一つ

長年の努力や苦労も、「ルーズ」というただひとつの欠点で水の泡となる。学生たちはきっと、恩師を反面教師にしたことだろう。

汗馬《かんば》の労《ろう》

事務職員のやる気と本気が学校経営を左右する

北海道文教大学の本部棟は地上10階建てだ。エレベーターホールからキャンパスを見下ろすと、東側は延々と畑地が広がり、西側には支笏洞爺《しこつとうや》国立公園の樹林帯越しに、恵庭岳が望める。視線を眼下に移せば、約3万坪（9万9000㎡）の敷地内に校舎や体育館など大学の施設が点在している。キャンパス内の道を学生たちが行き交い、毎年6月に札幌で開催される「YOSAKOIソーラン祭り」に向けて練習をする姿も見受けられる。多額の借金返済に窮していた短期大学時代。自分がこの学校法人とかかわりをもってから半世紀になる。「よく、ここまでやってこられましたね」と、当時、新米教員だったある教授にいわれた言葉が蘇《よみがえ》った。

地方の小規模大学の生き残り策として、医療系学科を中心とする「人間科学部」を新設し、管理栄養士、理学療法士、作業療法士、看護師、保育士、幼稚園教諭、特別支援学級教諭などの養成をおこなってきた。

しかし、それでも入学定員は600名に達していない。学生総数は2200名程度である。

できれば3000名に、少なくともあと数百人増やすには、学科を新設するのが近道だ。何がよいのだろう?

考えあぐねて浮かんだのが、臨床検査技師の養成である。

血液検査にはじまり、病理検査、微生物検査、脳波や心電図などから体の状態を調べる臨床検査は、地味な仕事だが、病気の診断に欠かせない。その養成をぜひともおこないたい。

と、思うのだが、学科を新設するには文科省に何度も足を運ばなければならない。それをおこなうのは事務局の役割だが、これがなかなか先に進まない。

「きみ、この仕事を来週までやっておいてくれたまえ」

「はい、わかりました」

と、ある日、上司と部下のあいだでやりとりがあった。翌日、上司は再び部下を呼んでこう尋ねた。

「きみ、昨日のあの仕事はどうなった？」

「あれは来週までということでしたから、まだ手をつけていません」

「冗談じゃない、そのうちのどこまでやったんだ、と聞いているんだ！」

いきなり怒鳴られて、部下は冷や汗タラタラ。

いっぽうの上司は、ボーッと生きている部下に対して指導のつもりだった。尻を叩《たた》いているうちに、仕事の取り組み方も変わると信じてのことだ。

もうずいぶんと昔のことだが、ある私学の理事長のエピソードである。


事務方に「経営」という認識がないと、決められたルーチンをこなすだけで終わりがちになる。むろん、それも重要だが、新たな展開をはかろうとするときには、事務方がやる気を出して取り組まなければ、機能不全をおこして先へ進めない。

と、思いながら過ごしていたら、２０１７年（平成29）年４月に施行された大学設置基準の一部改正にともない、文科省は、事務職員・事務組織が大学運営に対してより積極的にかかわるよう通知し、第四十二条の三では、必要な知識や技能の研修、すなわちスタッフ・ディベロップメント（ＳＤ）が義務づけられた。

ひと昔前まで、大学職員というのは、「理解力に乏しい」「新しい仕事をしない」「動かない」「融通がきかない」「意見をいわない」「仕事をたらいまわしにする」「横柄」などといったイメージがあり、事実、そのとおりだった。

しかし、教員と職員の協働が求められている現在、大学職員も事務屋からプロフェッショナルへと意識改革しなければ、大学運営に支障をきたす。

18歳人口減少という少ないパイを、高専・短大を含めて１０００校以上の大学が争奪するのだ。時代のニーズに応じた魅力ある大学づくりに励まなければ、倒産の憂き目にあう。とくに地方の小規模大学は、地域のノンビリとした環境になれて、競争心に欠ける傾向があるから注意したい。

さてと、私も我が大学のＳＤについて、学長と作戦会議をしよう。

訓示

大学プロフェッショナルの10カ条

人生100年時代。大学の教職員の定年時期も将来は延びるかもしれない。同じ働くなら、いい仕事をしたい。この10カ条を心がければ、「デキる人」と評価を受けて、達成感も大きくなるだろう。

この本をお読みいただいた皆さまのご多幸をお祈りし、感謝の言葉としたい。

先見の明

将来を見据えた仕事をする

慎始敬終（しんしけいしゅう）

慣れている仕事でも気を抜かない

理路整然
筋道を立てて話す

先んずれば人を制す
人からの頼まれごとは早めに対応する

臨機応変
状況をよく見て機転を利かせる

整理整頓
会議資料は、タテ・ヨコ整然と並べ、出席者の志気を高める

聞くは一時の恥、聞かぬは一生の恥

わからないことは、すぐ誰かに聞く

一視同仁

客人のお付きの人にもていねいに応対する

人を思うは身を思う

学生には親切にする

一所懸命

学生・父兄が満足する学校をめざす

年表　鶴岡夫妻・鶴岡学園史

一八八六（明治19）	1月5日	鶴岡新太郎：東京府・深川区で生まれる
一八九二（明治25）	7月11日	高橋トシ：新潟県・西蒲原郡巻町で生まれる
一九〇一（明治34）		新太郎：文友塾中等科入学
一九〇四（明治37）		新太郎：文友塾中等科を修業、明治大学法科進学
一九〇六（明治39）		新太郎：明治大学中退
一九〇八（明治41）		トシ：新潟県立高等女学校卒業、南蒲原郡田上村保明小学校の代用教員になる
一九〇九（明治42）		トシ：小学校の裁縫の専科正教員の資格取得。南蒲原郡田上村保明小学校の訓導（教師）になる
一九一五（大正4）		トシ：新潟県西蒲原郡矢作小学校訓導（教師）になる
一九一六（大正5）～		新太郎：チリ領事館、ドイツ人ハンセン家にて調理に従事
一九一七（大正6）		
一九一七（大正6）～		新太郎：スペイン公使館、ロシア人アレキサンダ家、フランス人セフエール家にて調理に従事
一九一八（大正7）		トシ：札幌へ移住
一九一九（大正8）		新太郎：札幌へ移住 北海道庁内務部勧業課嘱託、農事指導に従事
一九二〇（大正9）	1月	鶴岡新太郎と高橋トシ結婚

一九二一（大正10）	新太郎：日本赤十字社篤志看護婦人会新潟支部、陸海軍将校婦人会高田支部にて講師として招聘。生活改善講習会講師
一九二二（大正11）	新太郎：食糧改良講師
一九二三（大正12）	新太郎：『和洋新家庭料理』を日本女子割烹講習会より出版
一九二五（大正14）〜	新太郎：旭川市立北都高等女学校割烹教師
一九二七（昭和2）	新太郎：『カード式家庭料理法（全）』を日本女子割烹講習会より出版
一九二八（昭和3）	トシ：千葉県の日本三育女学院にてキリスト教を学ぶ
一九二九（昭和4）	新太郎：『料理教科書』（西洋料理編）』を目黒書店より発行
一九三〇（昭和5）	新太郎：女子師範学校、高等女学校用『現代料理教本』を東京開成館より発行
一九三二（昭和7）	新太郎：昭和七年度　母講座講師（文部省嘱託）
一九三五（昭和10）	新太郎：文部省主催公民教育講習会を受講、所定学科修了
一九三五（昭和10）〜	新太郎：北海道庁立江別高等女学校家事科教授
一九三八（昭和13）	
一九三七（昭和12）	トシ：私立成徳女学校家事科教員を嘱託される トシ：華道池坊宗家の教授職の資格を授与（以後、上位資格を授与される） トシ：華道小原流家元小原光雲宗匠より家元教授の資格を授与（以後、上位資格を授与される） 新太郎：文部省公民教育講習会受講、所定学科修了

一九三八（昭和13）〜		新太郎：北海道帝国大学にて応用菌学、食品化学を修了
一九三九（昭和14）		
一九四〇（昭和15）		トシ：私立成徳女学校家事科教員退職
一九四二（昭和17）	2月10日	北海道女子栄養学校の設立申請を提出
	6月8日	北海道女子栄養学校設置認可、トシ、校長に就任 1期生7名入学（後に3名編入）
一九四三（昭和18）	4月	2期生32名入学
一九四四（昭和19）	4月	3期生56名入学
一九四五（昭和20）	2月	トシと3期生30名が1カ月間「琵琶湖干拓事業」へ
	4月	4期生37名入学 北海道女子栄養学校が「私立栄養士養成所指定規則」により厚生大臣の指定を受ける
	8月15日	終戦
	12月	北海道女子栄養学校、授業再開
一九四六（昭和21）	4月	5期生44名入学 トシ：第1回世界栄養士大会で講演
一九四七（昭和22）	4月	6期生22名入学 改正「栄養士法」により再指定を受ける 「北海道栄養学校」と改称 トシ：校長に就任
一九四八（昭和23）	4月	7期生5名入学

一九四九（昭和24）	4月	8期生13名入学
		法律改正で北海道栄養学校の修業年数2年になる
一九五〇（昭和25）		9期生6名入学
一九五一（昭和26）		10期生12名入学
		トシ：札幌市議会選挙に出る
一九五二（昭和27）		11期生19名入学
一九五三（昭和28）		12期生38名入学
		10月「準学校法人鶴岡学園」設立申請
		トシ：華道小原流札幌支部長に就任（1957年まで）
一九五四（昭和29）	4月	13期生57名入学
		北海道栄養学校北校舎完成
		南3条西7丁目の校舎は、本部事務所として利用
		北海道栄養学校の募集定員を100名に増員
一九五五（昭和30）	4月	14期生57名入学
一九五六（昭和31）	4月	15期生60名入学
一九五七（昭和32）	4月	16期生42名入学
一九五八（昭和33）	4月	17期生60名入学
		「藤の沢女子高等学校」校舎建設着工
		トシ：社団法人全国学校栄養士養成施設協会常任理事に就任
	11月	学校法人「鶴岡学園」設立申請

一九五九（昭和34）	1月	学校法人「鶴岡学園」設立認可 鶴岡新太郎初代理事長就任
	4月	18期生41名入学　「学校法人鶴岡学園　藤の沢女子高等学校」（定員250名）開校 江原玄治郎藤の沢女子高等学校校長就任
一九六〇（昭和35）	4月	19期生83名入学
	8月	北海道栄養学校に調理師養成課程（夜間部、定員40名）を増設。厚生大臣より調理士養成施設として指定認可を受ける。10月開校、1期生18名入学
一九六一（昭和36）	4月	20期生47名入学
	12月	新太郎：『料理法百たい（1）』を出版 江原玄治郎藤の沢女子高等学校校長逝去 宮田新一第2代藤の沢女子高等学校校長就任
一九六二（昭和37）	4月	21期生71名入学
一九六三（昭和38）	1月	北海道栄養学校・本科が「北海道栄養短期大学」（食物栄養科）に昇格（定員50名） トシ：学長に就任
	4月	北海道栄養短期大学入学式、開学記念式典挙行　128名入学 新太郎：逝去
	12月20日	鶴岡トシ第2代鶴岡学園理事長就任
一九六四（昭和39）	4月	北海道栄養学校調理師養成課程を「北海道調理師学校」と改称
	9月	トシ：スウェーデン、デンマーク、オランダ、イギリス、旧西ドイツ、フランス、スイスの教育現場を視察

一九六五（昭和40）	4月	北海道栄養短期大学に別科（調理専修／修業年限1年／定員50名）を増設 食物栄養科の定員を100名に増員 鶴岡トシ第3代藤の沢女子高等学校校長就任
一九六六（昭和41）	4月	藤の沢女子高等学校を「北海道栄養短期大学附属高等学校」と改称。食物科を増設（定員50名） 北海道栄養短期大学に家政科増設（定員50名）、食物栄養科入学定員を150名に増員 トシ：北海道栄養保健学会理事に就任
一九六七（昭和42）	4月 8月 11月 12月	トシ：社団法人全国日本学士会特別会員 トシ：社団法人全国日本学士会名誉会員 トシ：社団法人全国日本学士会「アカデミア賞」受賞、同・理事に就任 トシ：北海道私立学校教育功績者賞受賞
一九六八（昭和43）	4月	トシ：春の叙勲で勲四等瑞宝章を受ける 北海道栄養短期大学に幼児教育科増設（定員50名）、食物栄養科入学定員200名に増員
一九六八（昭和43）	6月 7月	学校法人「鶴岡学園」創立25周年記念式典 トシ：イタリア、スイス、旧西ドイツ、オランダ、ベルギー、フランス、イギリス、アメリカの教育状況を視察
一九六九（昭和44）	7月	トシ：旧ソ連、デンマーク、旧西ドイツ、旧東ドイツ、イタリア、スペイン、スイス、フランス、イギリス、アメリカの教育状況を視察
一九七〇（昭和45）	4月	北海道栄養短期大学附属幼稚園設立 鶴岡トシ初代園長

一九七二(昭和47)	6月	トシ：米国イリノイ州スプリングフィールド・トリニティ大学より栄養学博士の学位授与
	10月	トシ：北海道栄養食糧学会より学会賞受賞
一九七五(昭和50)	4月	トシ：米国マサチューセッツ州エマーソン大学より研究審議会員に選任される
	10月	トシ：女子教育の振興、食生活改善の普及に貢献した功績により、「北海道開発功労賞」を受賞
一九七七(昭和52)	10月	北海道栄養短期大学校舎増設第一期工事竣工
一九七八(昭和53)	8月3日	トシ：入院先の天使病院で逝去
		高杉年雄第3代鶴岡学園理事長兼第2代北海道栄養短期大学学長
		高杉年雄第4代北海道栄養短期大学附属高等学校校長
	9月	寺井信一第2代北海道栄養短期大学附属幼稚園園長
一九七九(昭和54)	4月	北海道栄養短期大学学科変更（食物栄養学科・家政学科・幼児教育学科）伊藤薫第5代北海道栄養短期大学附属高等学校校長
	10月	学校法人「鶴岡学園」総合記念式典（短大新校舎落成、高校創立20周年、幼稚園創立10周年、調理師学校創立20周年）
一九八〇(昭和55)	4月	有末四郎第3代北海道栄養短期大学学長
一九八一(昭和56)	2月	佐々木シロミ第3代北海道栄養短期大学附属幼稚園園長
	4月	北海道栄養短期大学に専攻科（食物専攻／定員30名）増設
一九八二(昭和57)	4月	「北海道菓子専門学校」（札幌市南区川沿／定員125名）を設立

一九八三（昭和58）	4月	北海道栄養短期大学家政学科定員１００名に増員 北海道栄養短期大学附属幼稚園で、英語教育のためにネイティブの講師による「英語あそび」を導入
	7月	鶴岡学園と恵庭市が「北海道栄養大学等の誘致関する協定書」調印
一九八四（昭和59）	4月	佐々木シロミ第4代鶴岡学園理事長
	11月	北海道栄養大学（仮称）建設のため、恵庭市と土地売買契約調印
一九八五（昭和60）	4月	北海道栄養短期大学幼児教育学科定員１００名に増員 北海道調理師学校を「札幌調理技術専門学校」と改称 北海道菓子専門学校を「札幌製菓技術専門学校」と改称し、通信教育講座を設定
	10月	小沢洸子第４代北海道栄養短期大学附属幼稚園園長
一九八六（昭和61）	4月	北海道栄養短期大学家政学科に「生活文化コース」「服飾デザインコース」「秘書ビジネスコース」を設定
	5月	北海道栄養短期大学卓球部、春季全道学生大会で団体・シングルス優勝
一九八七（昭和62）	4月	今井陽第４代北海道栄養短期大学学長
	12月	「北海道栄養短期大学食物栄養学科の位置の変更について」届出。翌１９８８（昭和63）年3月29日付で、文部省高等教育局長より受理される
一九八八（昭和63）	4月	北海道栄養短期大学食物栄養学科・専攻科・別科が恵庭市黄金町１９６番地１へ移転、開学する 北海道栄養短期大学附属高等学校を「札幌明清高等学校」と改称し、男女共学、普通科3コース制設定。普通科臨時定員増10名（普通科入学定員２６０名、終期平成3年度） 北海道栄養短期大学家政学科を「生活文化学科」と改称

一九八九（昭和64／平成1）	4月	札幌調理技術専門学校を昼間課程に変更 塚原春樹第6代札幌明清高等学校校長
一九九〇（平成2）	4月	北海道栄養短期大学生活文化学科非常勤講師ピーター・フィルコラ（カナダ・トロント大学出身）の「英会話」「プラクティカル・イングリッシュ」の効果が評判をよぶ
一九九一（平成3）	4月	北海道栄養短期大学生活文化学科臨時定員増50名（入学定員100名）認可（終期平成12年3月31日）、「情報文化コース」増設
一九九二（平成4）	4月	井上哲明第7代札幌明清高等学校校長
	6月	札幌明清高等学校女子サッカー部「第1回全道高等学校女子サッカー大会」で優勝。以後20年連続全国大会出場
	9月	学校法人「鶴岡学園」創立50周年記念式典
一九九三（平成5）	3月	「北海道文教大学」開学に向け、鶴岡学園の学校運営を見直し、札幌調理技術専門学校、札幌製菓技術専門学校を閉校する
	4月	古瀬卓男第5代北海道栄養短期大学学長 札幌明清高等学校新校舎完成
一九九四（平成6）	4月	北海道栄養短期大学を「北海道文教短期大学」と改称 北海道栄養短期大学附属幼稚園を「北海道文教短期大学附属幼稚園」と改称 塚原春樹第8代札幌明清高等学校校長
	5月	伊藤雅夫第5代鶴岡学園理事長
	7月	佐々木シロミ第6代鶴岡学園理事長

一九九五（平成7）	4月	浅川修二第6代北海道文教短期大学学長 遠藤俊一第9代札幌明清高等学校校長
一九九六（平成8）	8月	札幌明清高等学校女子サッカー部「第5回全日本高等学校女子サッカー選手権大会」でベスト8進出 鶴岡学園理事会において、北海道文教大学外国語学部に「英米語学科」「中国語学科」に加えて、「日本語学科」の設置を確認
一九九七（平成9）	6月	鶴岡学園と恵庭市及び恵庭振興公社のあいだで、「（仮称）北海道文教大学の設置に関わる協定書」に調印し、1999（平成11）年4月の開学を確認
一九九八（平成10）	8月	札幌明清高等学校女子サッカー部「第7回全日本高等学校女子サッカー選手権大会」でベスト8進出
	12月	北海道文教大学施設（2号館、3号館、図書館、体育館、大学会館等）竣工
一九九九（平成11）	4月	北海道文教大学開学 外国語学部に英米語学科・中国語学科・日本語学科（各定員50名）設置 高橋萬右衛門北海道文教大学初代学長 後藤敬第10代札幌明清高等学校校長 川越守第5代北海道文教短期大学附属幼稚園園長
二〇〇〇（平成12）	4月	北海道文教大学外国語学部英米語学科入学定員100名に増員 鈴木武夫第7代鶴岡学園理事長 浅川修二第2代北海道文教大学学長 札幌明清高等学校を「北海道文教大学明清高等学校」と改称

二〇〇一（平成13）	3月	北海道文教短期大学生活文化学科を廃止 鈴木武夫第7代北海道文教短期大学学長
二〇〇二（平成14）	4月	北海道文教短期大学を「北海道文教大学短期大学部」と改称 鈴木武夫第3代北海道文教大学学長 小田進一第6代北海道文教短期大学附属幼稚園園長
	10月	学校法人「鶴岡学園」創立60周年記念式典
二〇〇三（平成15）	4月	北海道文教大学に、「人間科学部健康栄養学科」（入学定員150名）、「大学院・グローバルコミュニケーション研究科・中国語コミュニケーション専攻」（定員5名）設置
二〇〇四（平成16）	4月	「別科（調理専修）」を北海道文教大学短期大学部から北海道文教大学に設置換え 北海道文教大学に「留学生別科」を設置 中村至第11代北海道文教大学明清高等学校校長
	8月	北海道文教大学明清高等学校女子サッカー部「第13回全日本高等学校女子サッカー選手権大会」で3位入賞
二〇〇五（平成17）	3月	北海道文教大学短期大学部食物栄養学科を廃止 北海道文教大学明清高等学校女子サッカー部が「財団法人北海道サッカー協会奨励賞」受賞
二〇〇六（平成18）	4月	北海道文教大学人間科学部理学療法学科（定員80名）設置 北海道文教大学外国語学部各学科の名称と定員を変更。英米語コミュニケーション学科（定員50名）、中国語コミュニケーション学科（定員40名）、日本語コミュニケーション学科（定員50名）。北海道文教大学短期大学部幼児教育学科を「幼児保育学科」と改称し、定員140名に増員

二〇〇七(平成19)	3月	北海道文教大学別科(調理専修)を廃止
	4月	北海道文教大学人間科学部作業療法学科(定員40名)設置
二〇〇八(平成20)	4月	北海道文教大学人間科学部看護学科(定員80名)設置
	6月	学校法人「鶴岡学園」創立65周年記念式典
	7月	北海道文教大学外国語学部学生が第34回先進国首脳会議(洞爺湖サミット)の通訳ボランティアとして活躍
二〇〇九(平成21)	4月	北海道文教大学短期大学部幼児保育学科の定員を80名に変更
二〇一〇(平成22)	4月	北海道文教大学人間科学部こども発達学科(定員80名)を設置
		北海道文教大学外国語学部の3学科を「国際言語学科」(定員100名)に統合、名称変更
二〇一一(平成23)	3月	北海道文教大学短期大学部を廃止
		北海道文教短期大学附属幼稚園を「北海道文教大学附属幼稚園」と改称
	7月	北海道文教大学明清高等学校出身者が、「なでしこジャパン」メンバーとしてFIFA女子ワールドカップに出場し、優勝。国民栄誉賞ならびに道民栄誉賞を受賞
二〇一二(平成24)	4月	北海道文教大学明清高等学校が旧短大校舎へ改築移転
	6月	学校法人「鶴岡学園」創立70周年記念式典
二〇一三(平成25)	3月	北海道文教大学外国語学部中国語コミュニケーション学科廃止
二〇一四(平成26)	2月	北海道文教大学健康栄養学科学生、ソチ冬季五輪女子アイスホッケー代表出場
	4月	北海道文教大学人間科学部こども発達学科の定員を100名に変更
二〇一五(平成27)	4月	北海道文教大学大学院「健康栄養科学研究科健康栄養科学専攻」(修士課程)設置

二〇一六（平成28）	11月	北海道文教大学鶴岡記念講堂大ホール・多目的棟工事竣工
二〇一七（平成29）	4月	北海道文教大学大学院「リハビリテーション科学研究科リハビリテーション科学専攻」（修士課程）、「こども発達学研究科こども発達学専攻」（修士課程）を設置
	6月	学校法人「鶴岡学園」創立75周年記念式典
二〇一八（平成30）	4月	渡部俊弘第4代北海道文教大学学長
	12月	北海道文教大学×ルフナ大学（スリランカ）学術交流協定調印記念特別講演会開催

【著者プロフィール】
鈴木　武夫（すずき　たけお）
学校法人鶴岡学園理事長。1931年、福島県生まれ。1954年、大東文化大学を卒業。1958年より現在まで60余年にわたり私学経営・教育に携わる。1957年、日本私立短期大学協会に入職。その後、日本私立短期大学協会常任理事・事務局長、学校法人大東文化学園理事長（1989～1997年）、短期大学基準協会理事・事務局長など要職を歴任。1969年に学校法人鶴岡学園理事・評議員に就任。鶴岡トシ理事長（当時）を補佐し、鶴岡学園の経営改革に取り組む。2000年、同学園理事長職に就任する。2002年以降は、理事長職と共に北海道文教大学学長職を兼任する。現在の大学学部の2学部6学科、大学院の4研究科の体制を構築し、北海道文教大学の発展に寄与する。

編集協力／佐々木ゆり

大学 心得帖

2019年12月1日　第1刷発行

著　者　鈴木 武夫
発行者　唐津　隆
発行所　株式会社ビジネス社
〒162-0805　東京都新宿区矢来町114番地
神楽坂高橋ビル5F
電話　03-5227-1602　FAX 03-5227-1603
URL　http://www.business-sha.co.jp/

〈カバーデザイン〉大谷昌稔
〈本文DTP〉茂呂田剛（エムアンドケイ）
〈印刷・製本〉モリモト印刷株式会社
〈編集担当〉本田朋子〈営業担当〉山口健志

ISBN978-4-8284-2144-5

ビジネス社の本

北海道・栄養学校の母
鶴岡トシ物語

佐々木ゆり……著

鈴木武夫／浅見晴江……監修

NHK朝の連ドラの主人公にしたい女傑の物語

定価　本体1600円＋税
ISBN978-4-8284-2088-2

『北の食卓を拓く！』

戦時中に私財をなげうって北海道女子栄養学校（現・北海道文教大学）を創設した明治女のパワフル人生記。

大正時代に札幌へ移住した鶴岡トシと鶴岡新太郎夫妻は、20年の歳月をかけて、道内初となる栄養士養成学校を創設。

グルメ王国北海道の礎を築いた教育者夫妻の歩みを、日本の栄養史の視点から迫る！

【健康こそ家族の幸せ、日本のちから】

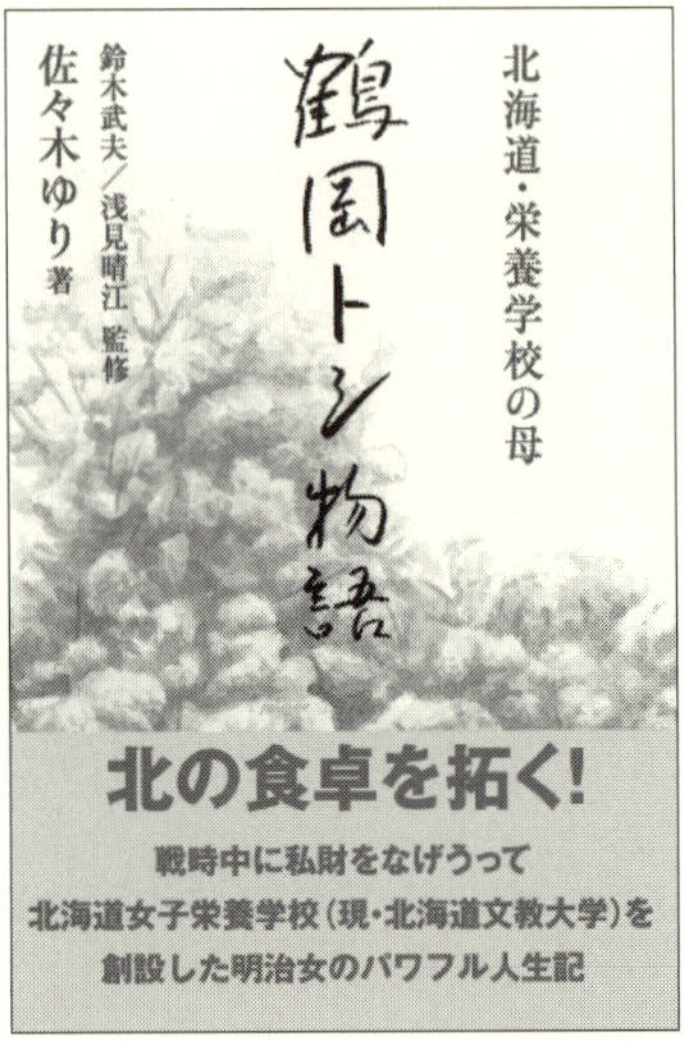

本書の内容

第1章　北海道　明治の食事情
第2章　下町のジェントルマン、札幌へ
第3章　越後女の誇りに賭けて
第4章　誕生、戦時下の栄養学校
第5章　食卓に栄養と幸せを
第6章　清く　正しく　雄々しく進め